纵横精华·第三辑

刘未鸣 韩淑芳 主编

如烟往事
如火青春

中国文史出版社

目录

001 我的青年时代／周颖 口述 姚锡佩 整理

009 回忆母校"自忠中学"／齐剑平

019 我在工农速成中学的日子／柏亢宾

031 苏联的烙印

　　——那些与青春有关的故事／

　　吴兴唐 口述 于洋 采访整理

043 20 世纪 50 年代留日学生是怎样回国的／郭平坦

053 回忆 20 世纪 50 年代的大学生活／王贤才

068 我经历的 1953 年高考／沈大仁

072 一支终生难忘的歌

　　——20 世纪 60 年代阿尔巴尼亚留学生活漫忆／郑恩波

085 我们的青春岁月／李增春

094 大学时代的回忆／李　强

102 一个北京知青的延安记忆／王晓辉

125 我的"工农兵学员"经历／卞晋平 口述 高芳 整理

142 我当北大"工农兵学员"班主任／魏英敏

152 知青"五味"／陈蔼眉

164 我经历的工农兵学员时代／刘少才

170　插队散记／胡日刚

184　恢复高考亲历记／薛庆超

195　我的读书，我的高考

　　——纪念七七级大学生毕业 30 周年／沈晓昭

210　我的 1977 年／赵敏俐

219　我的 1978 年／石玉新

228　我们是"中国制造"

　　——首批本土博士的光荣与梦想／马中骐　王建磐　李尚志

周光礼　葛剑雄 口述　于洋 整理

我的青年时代

周颖 口述　姚锡佩 整理

　　我是河北省南宫县城庄村人，离城 50 里。父辈三兄弟，父亲为长。我出生时，他们已分家。两位叔叔务农，父亲是村中三个读书人之一，他曾在保定讲武堂毕业，任村中高小学校校长多年。我有三姐妹，大姐名之镜，二姐名之廉，我最小，取名之芹，后改名周颖。因我们无兄弟，父母将我们当男孩看待，除大姐早嫁，二姐之廉和我都在村中高小念书。当时村中无女校，我们都在男校和男生一起听课。之廉在村中高小学校毕业后，父亲又送她到天津投考河北省第一女子师范学校（简称天津女师）。因她考取了第一名，得到官费的待遇。她到天津两年后，我们的母亲病故，接着大姐也出嫁了。不久，父亲又娶了后母，这个家就完全变了样，这一变就不像我的家了。

　　由于我受继母的虐待，成了家里使唤的丫头，动不动就被打骂，上学也就不正常了。俗话说："有了后娘，就有后爹"，这就是我当时的处境。后母经常告诉我，吃什么什么可以死。我明白这种暗示。我知道，做"扫把"用的"红筋"上长的籽有毒，它长在地边，是我最容易搞到的。有一天，我偷了家里六个鸡蛋给我已出嫁的大姐，被后母发现了，挨了一顿毒打。当晚我就搞来许多"红筋"籽，晚上放在稀饭里吃，一吃好苦呀，难以下咽，又都倒在土里埋掉了。但在我的心里却仍有一死的念头。

幸而这年暑假，之廉姐从天津回来度假，我们三姐妹去给母亲上坟时，两位姐姐商量好，由之廉带我到天津去学习。回去向父亲一说，他不答应，理由是母亲去世，大姐出嫁，卖地的钱都花光了，哪里还有钱给我去天津。姐姐带着我去找族中的老十爷求助，经他和父亲一说，父亲只答应给我去天津的路费，别的一概不管。姐姐只要我能离开虐待我的这个家，也就答应了。我穿着过年穿的花棉袄就跟姐姐上了天津。一路上我对啥都感到新鲜，可是一句话也不敢说，不敢问，唯恐姐姐不带我走了。

当时，正是五四运动时期，姐姐是学生代表，"觉悟社"社员。我到天津后，姐姐叫我做的第一件事，就是去探监，看望在斗争中被关押的两位天津女师代表郭隆真、张若明。不知姐姐用的什么方法，只有我能去看望她们。我穿着那身过年穿的花棉袄到监狱去看望她们不止一次，每次去都有姐姐写给她们的信。她们两人住一个房间，和她们一起被捕的大哥哥们在男牢，不许看望，只有他们自己能互相传递消息。他们的名字我都牢记在心。不久，被关押的两位大姐姐和大哥哥们被释放出狱了，又开始进行"觉悟社"的活动。我和王文田、陈学荣两位小友都是觉悟社的小社友。大哥哥、大姐姐们对我特别关怀，他们还给我补课，我尊敬热爱他们，经常把他们的相片放在我衣服的口袋里。从他们身上我受到深刻的教育，也决定了我今后的前途，使我终生难忘。

姐姐送我到天津女师附小去读书，准备这年暑假投考天津女师。她把小学的课本编成笔记，早起晚睡地教我。姐姐在天津认识一位织袜厂的女厂长，她非常同情我们姐妹，把机器织好的袜筒，拿来让姐姐缝袜头，所得报酬，用来维持我的生活费用。姐姐天天晚上缝袜头，因此睡得很晚，多亏宿舍里的大姐姐们同情帮忙。但这年暑假我没有考取天津女师，因此也就不能再住在"女师"的宿舍里跟姐姐挤在一张小床上了。

当时，姐姐有位同学好友李峙山，她也是觉悟社社员，在北京香山慈幼院教书。姐姐托峙山的爱人谌晓岑（觉悟社社员）送我到香山慈幼院，希望通过峙山的关系，让我在慈幼院读书。路经北京时，他把我送到邓伯母（邓颖超的母亲）家去过夜。邓伯母又把我狠狠地教育了一番，他们都觉得我太拖累我姐姐了。次日一早，晓岑大哥来接我，一看见他，我就哭了，他说："哭什么呀？邓伯母说你还不是应该的吗?!"随后，他雇了两匹小毛驴，送我到香山慈幼院。

李峙山让我住在她的宿舍里，跟她睡一张床。她多次向院领导请求收留我做学生，但领导不允许，理由是我虽死了母亲，但还有父亲在，不能算孤儿。后经峙山多方求情，才答应让我在慈幼院的医务室里做点事，学点什么。那年我 13 岁。医务室有两位大夫，还有一位护士，她对我很好，由于她的帮助，才改变了我的前途。当时，我跟她学包药，还帮助照料有病的学生。我住在见心斋山坡下大湖边的三间北房里，其中两间放东西，我住一间。大湖的水日夜不息，轰轰地流，到晚上，流水的声音活像老虎下山般地咆哮，吓得我天天晚上蒙头睡。吃饭也让我一个人单独吃，天天吃炒韭菜，这些我都不在乎，只是一到晚上，我就害怕。在这里，唯一使我感到温暖的，就是那位护士，她对我总是细言细语，处处关照我，我只有依靠她了。我在这里住了差不多半年多的时间，有一天，她对我说："小妹呀，你年纪这么小，还是到天津姐姐那儿去读书吧。"我说："我再也不去她们那儿了，她们老说我。"后又经她不断地劝说，我才答应由她送我到天津姐姐那里。她还给了姐姐10元钱，姐姐感动得落泪，我也哭了，决心留在姐姐那里，准备再次报考天津女师。

第二年考试时遇到了一个好机会。原来的天津女师齐校长从美国学习回来，继续担任校长，并打破了暑假招生的旧例，除招收正式生外，又增加一个补习生班。我刚好考上补习班的倒数第一，其实这也是齐校长对我们姐妹的照顾。

天津女师原为本科四年，预科一年，五年毕业。我因为加一补习班，所以六年毕业。在这六年中，我虽不是功课最好的学生，但由于受觉悟社大哥哥大姐姐们的影响，在学校里是最为活跃的学生。"五卅"运动时，我是天津学生会的代表。当时，邓颖超正在天津达仁女校教书。一天，当我们女师学生游行队伍回校走到天津路口（女师所在地）时，看到邓大姐站在一个小方桌上给同学们演讲，她那激昂的声音，撼动着我们每个人的心。我立即决定取邓颖超名字中的"颖"字，作为自己的名字。从天津女师毕业后，我便开始用周颖这个名字。

毕业后，我本应该做小学教师，挣钱自立，哪想到正遇上直奉联军攻打冯玉祥的国民军，学校都停止开课，老师又做不成了。姐姐又把我送到北京香山慈幼院李峙山那里。这年暑假峙山的爱人谌晓岑从南京来信，要她去南京，她问我愿不愿去南京，在南京会给我找到工作的。我当然求之不得，姐姐也同意，并给我八元钱的路费。我就跟峙山去南京，在船上我把长头发也剪了。

在南京住谌晓岑那里。哪知道在南京找工作并不容易。一天，晓岑大哥回来，他高兴地对我说：之芹啊，我给你找到一个地方，不花钱，管吃、管住的学校，只是要考三民主义、五权宪法等，这些你不懂不要紧，只要到时去考就行了。我真的去考了，也真的考取了，这当然也是晓岑大哥想的办法。这个学校就是当时刚成立的国民党党务学校（第二期改名中央政治学校，即现在台湾省的"中央政治大学"的前身）。

我进入这个学校，一开始就是被重视和注意的学生。一则因为同学多是南方人，女同学只有 20 多人，我说的北方话容易听懂，又敢说话；二则认为我一个女学生从军阀统治的北京来，不简单，该不是共产党派来的"CY"吧。他们对我的怀疑，也逐渐找到理由，说我不爱照相，不爱出名，怕暴露。其实，直到现在我还是不爱照相，也不爱出名。

按学校规定，日间上课，晚间开小组会学习，由学校训育处组织领导，每组设组长一人，由训育处指定学生担任，我被指定为第一组组长。每组开会时，都有一位训育员参加指导。当时小组多，训育员少，便另请外人参加指导。我这一组就是从外面请了人来指导，此人就是我后来的老伴聂绀弩（原名聂畸）。我俩认识、恋爱、结婚，就是从这里开始的。

当时，绀弩刚从莫斯科中山大学学习回来，正在等待分配工作。我一见到他，就有好感，在小组会的报告表上，我填写了对他的好评。有一天早晨，我们排队进食堂吃早餐时，看到老聂穿着军装，带着训育员的标识，和别的训育员一起站在饭厅前。他当了训育员了，多让人激动啊！我不敢多看一眼，便匆匆走进食堂。他当了我们组的训育员以后，我经常找理由去训育处，找话跟他说，可他老是爱答不理的。当时，他有位爱好文艺的朋友，我也认识，便想通过和他来往能接近老聂，结果反而让这位朋友误会了，以为我爱他。

这年寒假，我住在姐姐的一位朋友家里，将要开学时，我回校去看看，准备搬回去。一走到校门口，就遇到老聂，他刚从上海回来。我要他帮我搬行李，他真的跟我去了。我们搬回学校后，又到鼓楼的一个饭店去吃晚饭，他才恍然大悟我在爱着他。次日，他买了一本写三人恋爱误会的小说《灰色马》，送给原来和我要好的那位朋友，这才都明白了。只是由于老聂和我谈恋爱，他只好离开学校调任别的工作了。

不久，我和两位女同学参加了二次北伐。战后回南京学校时，同学们都毕业分配走了。领导上安排我留校任俱乐部主任，我对这不痛不痒的工作十分不满；尤其是看到和校方接近的得意门生都分配担任中央或地方的党务要职，我更有意见。另一方面直接领导我的上司，对我不满，说我常外出和老聂谈恋爱，不认真工作。有时，他还当面教训我几句，我一气之下，就拿着老聂的工资到日本自费留学去了。

在日本东京，我补习了半年的日文，考取了日本早稻田大学的政治系，次年取得河北省庚子赔款官费。不久，老聂也因为宣传抗日被迫离开南京，到日本东京找到了我。我们两人的生活费用，就靠我的官费维持。后来，我们和方天一、王达夫、胡风等人组织了一个学习小组，每周集会，还出版一份宣传抗日和新文化思想的刊物，名为《文化斗争》，自己油印，但很快就被日本警方发现了。

有一天清晨6时许，我听到有几个人上楼梯的脚步声很大，不像往常，便预感到可能要出问题了。我赶紧起来，把存放在我们这里的《文化斗争》往墙柜里藏。只听外面的人在我们门口说："周颖，开门吧，别忙乎了，我们都知道了。"我随即把门一开，两位穿西装的便衣警察进房来对我们说："你们俩穿好衣服，带着洗漱用具，跟我们走吧！"

我和聂绀弩跟着他们走到附近警察局拘留所，被分别送到男女拘押室。女犯人的房间较大，人少；男犯人的牢房较小，关的人多，他们一起床，就把被子送到女犯人的牢房里放着。男犯人为了照顾我们夫妇，到了晚上，便叫老聂去我们女牢取被子，借此机会，我们可以说话。那时牢房的墙壁和日本房子的墙壁一样，都是用纸板做的，男女犯人可以隔墙"打电报"互通消息。我和老聂在同室犯人的翻译帮助下，也通过几次"电报"。后来我找借口说，这年暑假，我应在早稻田大学政治系毕业，但必须经过考试，因此要求出狱。经审问我的人许可，他们先送我到朋友家去住，这位朋友就做了我的担保人。我借此机会，不止一次地去看望过我们的同案人胡风、方天一、王达夫三人。

经月余后，日方决定驱逐我们出境，遣返中国，于是又押我回牢房。次日，即将我和老聂及其他 30 多位因抗日而被捕的留日学生遣送中国，他们派专人押送我们从水路到上海。在被押送的学生中，只有我一人是女性，所以日报登消息时，说我是"万绿丛中一点红"。

日方把我们 30 多个留学生塞在船的底舱，押解我们的人住在上面，这倒给了我们相互商量行事的机会。我们首先考虑的问题是，到上海后如何组织起来，将我们被日方驱逐出境的事由公布出来以求援。同时，我们也担心日方是否会把我们引渡给中国政府。所以，我们当时约定：第一，船到上海一靠岸，大家就抢先下船，混到接船的人群中去；第二，到上海的次日上午 9 时，都到一个商会去集合。

我们按约定比较顺利地回到上海，并以"神国留学生被驱逐归国团"的名义，举行了一个招待会，由我报告被驱逐的经过，并发函广求援助。当时来看望我们的有上海反帝大同盟负责人马鸣麈（即冯素陶，现在山西民盟工作），但在经济上他们也为难。我们为了生活，只得离散，各自谋生。

我和老聂住在他过去家乡的小学老师那里，解决了吃住问题。月余后，因一个偶然机会，我和一位被驱逐回国的留日学生和另一位留日的女同学，一起到汉口一个私立女中去教书，我教英文和体育。原和校长说好，学校除管我们一日三餐外，还给我们一些钱。可是我们在那里教了三个多月，她一个钱也没给我们，一气之下，我们便离开了汉口，各自回家。

　　我又回到上海，仍住在老聂的老师家，白吃白住，心中感到十分不安。幸而有一天，老聂在路上碰到一位留苏时的老同学孟十还，他介绍老聂到《中华日报》编副刊《动向》，我们才解决了生活问题，正式建立了一个家。

回忆母校"自忠中学"

齐剑平

　　自忠中学创建于抗日战争烽火之中，距今已半个多世纪了。自忠中学推行抗战、团结、爱国主义教育，它是一个团结、战斗、进步的大家庭。我曾是这所学校的一名学生，回想起当年在自忠中学的学习生活，种种情景，历历在目，宛然如昨。

　　我出生在一个贫寒的家庭里，父亲是原西北军一名修械技工，母亲是家庭妇女，父母都目不识丁，由于生活困难，我长到 10 岁还没有上学。记得有一天，我在父亲工作的修械所院子里玩耍，"齐师傅，这小姑娘是谁的孩子？"我转过身来，看到一位戴眼镜的中年人走到我的跟前，和蔼可亲地问我几岁了，上学了没有，我父亲没顾得上洗去手上的油泥，赶快走过来："杨老师，这是我的丫头，还没有上学呢！""这可不行，明天跟我上学去。"让我上学，是真的吗？我半信半疑地望着两位长辈，心里甜滋滋的不知有多么高兴。第二天一早，我来到杨老师家门前，心中总是忐忑不安，是做梦吧？一位慈祥的阿姨把我拉进屋里，亲切地问我吃饭了没有。杨老师走过来，对我说："这是你婶婶，以后别叫我老师，喊我叔叔吧!"顺手把早已准备好的课本和作业本交给我，然后亲自把我送到张坡干训班子弟小学，开始了我向往已久的学生生活。以后我又升入了自忠中学。

自忠中学建于抗日战争的艰苦年代，1943年3月3日在河南邓县（今邓州市）张坡的西操场村成立，是三十三集团军（原西北军二十九军一部发展而成）的子弟学校。

为了纪念1940年5月16日在枣宜战役中壮烈殉国的抗日民族英雄、该集团军的先总司令张自忠将军，学校定名为"自忠中学"。

学校设有"自忠堂""壮志亭"，把冯玉祥将军所倡导的，希望全国军民效法的张自忠将军的十四条特长（1. 英勇果断；2. 肯牺牲自己；3. 韧性地战斗不知道什么叫作休息；4. 吃苦耐劳与士卒共甘苦；5. 重视军民关系；6. 虚心接受部属的意见；7. 重视干部培养并延揽人才；8. 明是非，不将就；9. 知耻辱；10. 以身作则；11. 不爱钱；12. 好学习；13. 不说难；14. 体贴部下）定名为《自忠精神》，书写悬挂在"自忠堂"里。对广大师生进行民族气节和爱国主义教育，以激励师生们积极进取，成为"为人类谋平等幸福"，为新社会服务的有用人才。

三十三集团军总司令冯治安将军任校董事会董事长兼校长，董事有张克侠、何基沣、孟绍濂、刘振三、李宝善几位将军，另外还有张亮忱（张自忠将军之弟）、肖奉元（全国基督教青年会军人服务部总干事）。著名教育家杨绳武先生任副校长，主持学校的一切工作。祁鹿鸣任训导主任，苏濯溪任教务主任，所有老师和工作人员都来自青年会军人服务部。

校长冯治安将军曾到学校视察，并带张自忠将军的女儿张廉云到校参观。张克侠、何基沣两位将军都是早期的中共地下党员，是学校的创办人之一。张克侠将军，关心师生的进步，勉励师生要为人类谋平等幸福。他对学校开展的进步教学活动，多方给予支持和掩护，师生们对他很尊敬。何基沣和孟绍濂两位将军对学校也很关心和支持。李宝善将军是干训班教育长、学校的供给直接由干训班负责，李将军经常到学校了解情况，帮助解决困难。正是在上述几位学校董事的关心和支持下，才使学校得以在复杂艰难的情况中建立、生存和发展。

三十三集团军当时驻防襄樊地区，邓县张坡是三十三集团军干训班所在地。自忠中学就附设在干训班。我们的学校建立在农村的平房院子里，平房就是我们的宿舍和教室，麦场就是我们的操场和食堂，学生的生活费由部队粮饷经费解决。老师和工作人员的薪金和办公经费由全国基督教青年会军人服务部供给。我们过的是集体生活，纪律是严格的，生活是艰苦的。一律穿部队发给的同样颜色的粗布衣服，女生剪短发，男生剃光头，不论男女生都穿草鞋，天凉再统一换布鞋，不论春夏秋冬（雨雪天除外）都是在操场蹲着吃饭，八个人围一圈，中间一盆菜，有稀饭，每人每顿一个长馍馍，饭前都要唱歌，等值日生摆好了饭菜，一声令下，大家一起蹲下，一起开饭。为了改善学校的学习生活条件，我们先期到校的学生在杨绳武校长带领下，大家一起动手盖房子，砌土炕，粉刷墙壁，修路，打扫卫生，建设美化我们的校园，迎接各地同学来校学习。

我们的学习是很紧张的，但大家学习都很认真自觉，考试绝对没有人作弊，大家视作弊为耻辱。学校进行爱国、民主、进步教育，在国民党统治区不以国家规定的教材为主，而由教师另行编选教材，寓德育于传授知识之中，向学生进行进步思想的启蒙教育。公民课老师讲争取民主和坚持抗战；历史课老师讲社会发展史、辩证唯物主义；国文老师则讲鲁迅、郭沫若、茅盾等的作品，还介绍解放区的文艺作品。学校图书馆里有许多进步书籍，《大众哲学》《政治经济学》《钢铁是怎样炼成的》、高尔基的《母亲》等书，可以自由借读。在壁报上可以写文章自由发表自己的感想。学校还特别重视教育与生产劳动相结合，为此还自办了小工厂，下设铁工组、木工组、石印组、机电组、缝纫组等。劳作课时，杨校长带着我们在校园空地上种菜，他以身作则，亲自动手淘粪、浇水。在农忙季节，他还组织我们帮助附近农民割麦子，消灭蝗虫。田头休息时，领着我们唱歌，讲笑话，猜谜语，欢乐驱走了疲劳，大家干得更有劲。自忠中学的教学，在思想和生活上都给了我们很好的锻炼。

在严肃的教学同时，学校的文体活动开展得也很活跃。当时，《黄河大合唱》《流亡三部曲》《游击队之歌》《义勇军进行曲》《在太行山上》《到敌人后方去》等许多抗日歌曲，经常回响在自忠中学的校园里。在同乐晚会上，还演出过秧歌剧《兄妹开荒》《朱大嫂送鸡蛋》《送郎上前线》等节目。学校用各种形式的活动对学生进行爱国主义教育，激励同学们热爱祖国，增强对日本侵略者的仇恨。

自忠中学还是一个团结、进步、互敬互爱的温暖大家庭。自忠中学的学生绝大部分是三十三集团军的官佐子弟，有的父亲是将军，有的父亲是师长、团长，还有一部分当地的民众子弟，也有像我这样的工人家庭出身的穷孩子。学校为了培养好的校风，把自忠中学办成一所不分穷富、贵贱的平等友好的集体，对待所有在校学生，不论你的家长是干什么的，都一视同仁。学习和品德上都严格要求，犯了错误登改错日志，做了好事就登进步日志，生活上同样是无微不至地关怀。

学校对学生不但一视同仁，对学生的家长也是一样。学校规定，凡来我校的学生家长，不论官大官小，遇到集体活动场合，值日生都要喊口令，大家起立、立正，由值日生向家长敬礼，就像迎接部队首长下连队一样。有一次全校师生正蹲在操场上吃饭，我父亲来校看我。我父亲不是军官，而是一名普通修械技工，我想是不会给他敬礼的。谁知杨校长远远看见，就快步迎上去热情和我父亲握手，值日生赶快喊口令"大家起立"，并跑过去向我父亲敬礼。这时我的心里热乎乎的。我的父亲和其他同学的父亲一样，受到老师和同学们的尊敬。在我们学校里没有地位高低之分，学生的家长也是平等的。

平时学校规定不许吃零食、不许吸烟。有一次过年，开完同乐晚会，第二天早上醒来，每人枕头边放一个报纸糊的纸袋，打开一看，里面装的是糖果、花生等，我们手捧着这袋食品，都感到特别温暖。学校的伙食由学生会经济委员会管理，杨校长为了学生的健康，经常深入伙房，检查卫生和伙食，他看到有些学生体质虚弱，就让伙房买来猪肝和胡萝卜煮汤给他们喝。一年初夏，我打摆子（疟疾），发起冷来，盖多少被子都不行，冷过后发高烧、出汗，这时候特别想喝水。同学们都上课去了，我一个人躺在宿舍里，很自然就想起了妈妈，真想哭。我刚要翻身，亲切的声音送到我的耳边："醒啦！出汗啦！快喝水吧！"一杯温开水送到了我的面前，我抬头一看，是我们班主任陈英实老师，他身后站着杨校长。杨校长说："陈先生一直在这儿陪着你呢！"我接过开水，一口气喝了大半碗，眼泪像泉水似的流了出来。我不孤独，老师和校长都在我身边。杨校长处处以身作则，把自己的心血都灌注在学校每一位老师和同学的身上。全校师生都团结在他的周围，大家过着既活泼，又严肃的校园生活，我能够上这么好的学校，生活在这个团结、进步、快乐的大家庭里，感到很骄傲和幸福。

1944年春末夏初，日军进犯豫西南，学校随干训班迁往淅川县李官桥镇，李官桥地处丹江南岸，学校驻在丹江北岸的下寺。我们和该寺僧众关系相处得很好，师生们尊重教规、尊敬僧侣，颇受该寺住持好评。寺方还专门设素宴招待我们。当时正赶上麦收季节，蝗虫灾害严重危害夏粮收获，大片庄稼一会儿就被吃光，杨校长、祁鹿鸣、苏濯溪老师带领全体师生到地里帮助农民抢收麦子，扑灭蝗虫。虽然我们在李官桥只待了短短几个月，但通过助农活动，却与当地老乡结下了很深的友谊，也深深体会到他们深受水旱蝗汤（恩伯）为害之苦。

1945 年春，日军再次进犯豫西南，很快侵占了南阳一带。自忠中学随干训班迁往湖北竹山县。师生们在邓县西操场村，辛勤建立起来的校址，将要沦入日本侵略者的铁蹄下。想及如此，师生们无不悲愤交集。这时，祁鹿鸣老师对大家讲："祖国的每一寸土地都不许敌人践踏，我们一定要回来！" 3 月 25 日，我们刚转移到李官桥，还没有站稳脚，敌机便跟踪空袭而至。杨校长带领女同学跑步向山里进发，所有的行李在丹江边也顾不上拿。祁鹿鸣老师带领男同学随后行动。长途跋涉，对我们这些没有经过行军锻炼的十几岁的学生，是非常艰苦的。到第三天傍晚，后面的老师和同学们才赶上来，会合到一起。

杨校长、祁老师、苏老师，带领我们渡丹江过襄河，进入鄂西北山区，向界山方向转移。师生们背着自己简单的行装和课本，行进在武当山脉的崇山峻岭之中，道路非常艰险。为了减轻旅途的疲劳，杨校长在行进中教我们唱歌，当时《襄河曲》是我们的代校歌，"襄河宽，襄河长，滚滚波浪雄又壮……"悲壮的歌声把我们带到当年张自忠将军浴血奋战在襄河东岸壮烈牺牲的场面中。张自忠将军的壮烈之气，鼓舞我们前进。有时候吃不上东西，一天才能吃上一个馒头，师生们在饥饿中爬山，小同学们饿得走不动了，祁先生站在路边，把刚买来的一口袋馍馍分给大家，还鼓励同学们唱"开路先锋"，高呼打倒日本帝国主义。在歌声和口号声的鼓动下，大家不顾疲劳和饥饿，奋勇爬山。当夜幕降临时，我们借着月光，继续前进，杨校长和几位老师在前面带路，祁老师断后，小同学拉着大同学的衣服，男同学照顾女同学，大家又困又累，在山间小路上迷迷糊糊地前进。好容易到达山顶，稍做休息时由大同学持枪警卫，小同学刚一坐下就睡着了。"上山容易下山难"，虽有月光，山高且陡，往下一看黑洞洞不见底，要是一脚踏空，后果不堪设想。过了不久忽然听到鸡叫声，大家来了精神，天蒙蒙亮时，终于看到了村庄的影子。上30里、下30里的"界山"，终于被我们征服了。

天气渐渐热了，祁老师带头把棉衣中的棉絮掏出来，全体师生都照办，大家一边走一边掏，沿路都是碎棉花。身上的虱子咬得难受，虽这样，无人叫苦，历尽千难万险，翻越过十八盘山，到竹山县后，干训班给我们换了夏装。学校又顺堵河而上，到了田家坝镇的两河口村。经过简短的休整，很快复课了。东西都丢光了，给学习带来许多不便，我们就用竹子削尖了做笔尖，捆在筷子上就是蘸水笔；到河边捡块光滑石头做砚台；山里唯一能买到的草纸，用线订起来就是作业本。天气炎热没法洗澡，借着月光，老师带着下河洗澡，女生到上游，男生在下游。虽然艰苦，学习还是紧张的，师生们要把失去的时间赶回来，都很刻苦、努力。我们信心十足，认定胜利是属于我们的，日本侵略者一定会被赶出境去。

当日本投降的消息传到竹山县两河口村，传到自忠中学时，训导主任祁老师马上把这个盼了好久的胜利消息告诉大家，师生们欢欣鼓舞，欣喜若狂，跳呀！蹦呀！敲脸盆、敲茶缸、放鞭炮，一片欢腾。因为，我们终于胜利了。在祝捷声中祁老师冷静地告诫大家："今天我们胜利了，和平不会马上到来，还有许多困难要我们去克服。"以后我们慢慢才悟出祁老师所指的是什么。

1945年9月5日，我们带着胜利的喜悦，离开了竹山县两河口村。一路艰难行军，不久回到丹江李官桥镇，再次见到了房东戴妈妈，她泣不成声地控诉日本侵略军的滔天罪行——烧杀抢掠、强奸妇女，真是罄竹难书。她女儿鸿慈为了躲避日本人的蹂躏，躲在红薯窖里 20 多天没敢出来，窖上面放着乱草粪缸等才没被敌人发现。由于地下空气稀薄，经常吃不上饭，差点没死在窖下面……几天后我们又回到了自忠中学的诞生地——河南邓县西操场村。没多久，又随干训班迁往京广线上的临颍县。火车刚到临颍火车站，一列满载日本投降士兵的火车出现在我们眼前，仇恨的烈火立即充塞我们每个人的胸膛。虽说这是我第一次看到日本鬼子兵，但他们在中国犯下的滔天罪行，给中国人民带来的灾难，我却是刻骨铭心，永远永远也不会忘记的。记得小时候在湖北谷城老家，日本侵略军疯狂轰炸的情形，真是惨不忍睹啊！谷城县离老河口镇（今老河口市）仅几十里，敌人每次都是两地轮番轰炸，转一圈老河口丢几枚炸弹，返回来谷城丢几枚，一会儿两架飞机，一会儿四架飞机，有一天从早上一直炸到天黑。我们趴在蚕豆地里一整天也没敢出来，饿了就吃几根生豆角，晚上从地里走出来，看到城里城外四处火光冲天，娘哭儿叫，好不悲惨。经常和我一起挖野菜的秦小玉，一整天趴在地里没动，心里又怕又饿，到了晚上站都站不起来了。等她慢慢爬到家，她惊呆了：她家的房子被炸弹击中，变成了一片废墟，一股难闻的气味让人窒息，她的一家人都被日本鬼子的飞机炸死了，她失去了亲爱的爸爸妈妈和弟妹们，她什么也没有了，再也没有勇气活下去啦！大家劝她一定要活下去，替亲人报仇，把日本侵略者赶出去。今天我们虽然胜利了，可我们对侵略者的仇恨之火是永远熄灭不掉的。

1946 年，三十三集团军改为第三绥靖区迁往徐州。自忠中学又从临颍迁到河南商丘。胜利后又从四川、南京请来了几位进步教师，充实了教师队伍。学习和生活比较安定，但刚刚走上正轨，局势又发生了变化。敬爱的祁鹿鸣老师和杨绳武校长被迫先后离开了自忠中学，学校改由苏濯溪、赵庆辉两位老师负责。本来抗战刚刚胜利，全国人民希望休养生息，对未来充满希望，可是由于国民党要独吞抗日胜利果实，竟悍然把国家推入内战的深渊。祖国的命运和前途，牵动着全国人民的心，也牵动着自忠中学师生们的心。被毛主席誉为第二战场的"反饥饿、反内战、反迫害"的熊熊烈火，也在自忠中学燃起，师生们用歌声、用墙报作武器投入了这场战斗，歌颂光明，揭露黑暗。曾有一首歌唱道："接收大员天天胖，受苦的人民饿呀饿断肠……"对国民党的腐败作了深刻的揭露。

淮海战役开始，学校迁往江苏句容县桥头镇。不久，何基沣、张克侠两位将军在贾旺率部起义，学校在国统区不能生存，终至被迫解散，苏濯溪、赵庆辉（中共地下党员）、王跃华几位老师，分批组织自忠中学进步师生投奔解放区。汪翔、杨亮成二位青年教师受共产党的委派，担当联络任务，多次通过封锁线，接应五批同志到苏北解放区，不幸于1949 年 1 月 10 日最后一次执行任务时被捕，并于次日从容就义。两位烈士是自忠中学的骄傲。

杨绳武校长在自忠中学几年里，极力倡导人民教育家陶行知的教、学、做合一的教育思想，忠诚地推行抗战、团结、进步的爱国主义教育。实行教育与劳动相结合。除校务工作外，他还兼任英语和音乐课教学，他教学质量高，效果好。他常说："只有共产党才能救中国。"他坚决主张在学校不搞国民党三青团，对学校的进步力量、进步活动很支持。在那么困难的条件下，他团结所有教职员工，把自忠中学办成一所革命的进步学校，充分发挥了他的办学才能。祁鹿鸣老师担负学校的训导主任工作，他是 1939 年入党的中共地下党员，对学生的思想进步起到了主导作用。他的每次讲话，都在进行爱国主义教育，传播进步思想，使学生在不知不觉中接受革命教育，走上了革命道路。

自忠中学从成立到解散，将近六年，这六年是中国处于大变动的时期：全国人民奋起抗击日本帝国主义侵略；蒋家王朝走向崩溃，光明即将来临，自忠中学的师生们团结战斗，彼此之间结下了深厚的情谊，情同手足。新中国成立后，自忠中学的师生分布在全国 29 个省、市，在不同的岗位上，都做出了应有的贡献，更有不少校友在解放战争、剿匪斗争、抗美援朝战争中献出了宝贵的生命，成为革命烈士。

我在工农速成中学的日子

———

柏亢宾

1954 年 9 月，我考入东北工学院附设工农速成中学，成为全国工农速成中学最后一批被招入的学生之一。那年，我 20 岁。

"速中"里有的是"明星"学员

工农速成中学是在新中国刚刚成立，百废待兴，急需大批建设者和管理人才之际创办的。1949 年 12 月 23 日，第一次全国教育工作会议指出，教育应着重为工农服务，为国家建设服务，学校必须向工农开门。随之，草拟了"工农速成中学实施方案"。第一所北京实验工农速成中学于 1950 年 1 月筹办，4 月初开学。同年 12 月，政务院决定在全国开办工农速成中学。

东北工学院附设工农速成中学的前身为沈阳工农速成中学，开办的依据是教育部 1951 年 11 月召开全国第一次工农速成中学工作会议精神，"工农速成中学设置，在有条件的地区应向大学附设方向走，这样

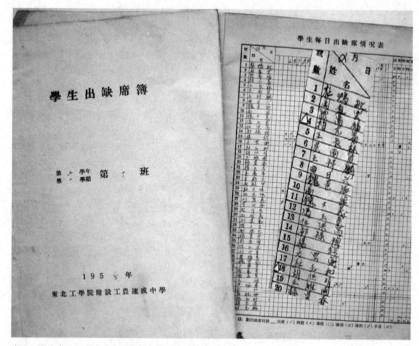

东北工学院附设工农速成中学第十班学生出缺席簿

师资设备等方面的问题比较容易解决"。1952 年 7 月，北京实验工农速成中学率先隶属中国人民大学，更名为中国人民大学附设工农速成中学。随之，全国大部分省市的工农速成中学附设于高等院校，沈阳工农速成中学隶属东北工学院并更名。那时全国的工农速成中学，聚集了相当一部分战斗英雄和劳动模范。中国人民大学附设工农速成中学有战斗英雄周天才，战士作家高玉宝，劳动模范杭佩兰、郝建秀等；长春的东北人民大学附设工农速成中学有"党的好女儿"、奋不顾身保护国家财产的女英雄赵桂兰；我们学校比我高两届的"劳模班"有全国劳动模范马恒昌、新中国第一名火车女司机田桂英等。我们仅仅同学一年他们就毕业了，马恒昌回到原单位，任第二机床厂总机械师；田桂英升入唐山铁道学院学习蒸汽机车理论，毕业后回到铁路系统任工程师。

1954 年全国工农速成中学招生 2.9 万多人，是历届招生最多的一年。我们学校招生约 650 人，分 15 个班，我在第十班。全班女生 7 名，男生 40 名，党、团员占 80% 以上。在我们这批学生中，除了全国劳模第一名女电焊工李桂兰外，全国性的劳模或战斗英雄很少，属于省市级人大代表、劳模和本系统的先进工作者以及部队转业的优秀军人则很多。我班党支部书记魏雪凡是从部队转业的女干部；团支部书记孙万福是来自东北合作总社的保卫股股长；班长胡熙明是来自沈阳制药厂的工会主席。

刘白羽的夫人教我认字

上学读书是我童年的梦想，因家庭贫困，我只念过三年小学。1947 年 4 月，正是解放战争战火纷飞的日子，我从乡村来到哈尔滨东北日报社。那时的东北日报社有战地特派记者刘白羽、华山和常工等同志。他们经常带着通信员奔赴战地采访，写出的稿件由通信员送回报社发稿。我特别羡慕，多次请求随行，却都被婉言拒绝了。刘白羽同志说："你还没有'三八大盖儿'高，怎么可以去前线哪！"他的夫人汪琦同志安慰我："小鬼，你在报社工作，要多认字多读报。"她开始教我认字、写日记。1948 年 11 月初，在辽沈战役胜利前夕，由东北日报社副总编辑王揖（后为人民日报副总编辑、中国记协副主席）带领编辑、记者和我十多个人，作为先遣队从哈尔滨出发奔赴即将解放的沈阳，接收国民党中央日报社，临时出版《沈阳时报》，一个月后《东北日报》由哈尔滨迁到此地出版。1950 年夏，我听王揖同志说北京有个"实验工农速成中学"，学生都是战斗英雄和劳动模范，心里十分钦佩。随之沈阳也办了工农速成中学。1952 年，我的一位同事被送去上学了。我申请去学习，但没有得到批准。1954 年夏，我在报社人事科工作，见到东北工学院附设工农速成中学招生通知书上的报考条件是："参加革命工作三年以上的工农干部或有三年以上工龄的产业工人，具有相当于小学毕业的文化程度，年龄在 18 岁至 30 岁，身体健康者。……对他们施以中等程度的文化科学基本知识教育，使其能升入高等学校继续深造，培养成为新中国的各种高级建设人才。"当时报社领导选出 10 名印刷厂工人和青年干部，给他们两周时间准备功课参加考试。我再次申请上学，领导仍不同意，并劝我去党校学习一年后再回报社工作。我不甘心，在多次恳求后，领导见我求学心切，终于批准了。此时离招生考试只有一周时间，我要准备语文和算术两门功课。对语文考试我不担心，而算术我只会做四则题，不会分数运算。我请报社一位编辑教会自己简单演算，便匆匆奔至考场。两周后，"工中"发榜，我竟被录取了，喜不自胜。

学习上"永不掉队"

东北工学院附设工农速成中学位于沈阳市铁西区启工街，校园四周杨柳成荫，400 米的沙土跑道镶嵌在操场中央，十多个篮球架有序地坐落在操场的一端。红砖黛瓦的教学楼西北侧有一块空地，夏天是草地球场，冬天蓄水制成冰场。学校备有速滑和花样冰刀鞋，每周上体育课时老师一招一式地教我们如何弯腰、屈膝、抬头，双臂摆动……这是我们最轻松有趣的课。教学楼的东北侧有一个体育馆，遇到风雨天，学生们在这里上体育课，这也是学校开大会的礼堂兼文艺演出剧场。我们的女校长陈静是一位老干部，她在新学年的开学致辞中鼓励同学们努力学习，争取人人升入大学继续深造，毕业后做一名当之无愧的红色工程师。

我们学校属于理工科。其实教育部最初制定的工农速成中学教学计划是不分科的。经过两年教学实践后，1952 年全国工农速成中学开始执行分类教学计划。第一类，预备升入高等学校文史、财经、政法等社会科学专业，以语文、历史、地理为重点课程；第二类，预备升入高等学校理工科有关专业，以语文、数学、物理、化学为重点课程；第三类，预备升入高等学校医科、农科及生物学专业，以物理、化学、生物为重点课程。分类教学计划在保证重点课程基本达到高中水平的基础上，还要适应工农学生的特点和速成的要求。

我们的校园生活很活跃。每天下午两节课后，就是课外活动时间，操场的篮球架下年轻人龙腾虎跃，朝气蓬勃。有时从校园的一角传出优美的歌声。学校还将有特长的同学组成篮、排球队、体操队和文艺舞蹈队，春秋季节有运动会，节假日在体育馆举办文艺演出或舞会。当年，同学们演出了苏联话剧《永不掉队》。剧情是卫国战争胜利后，青年军官高罗沃依走进大学，在攻克理论物理学时遇到了困难要退学。教授葛洛巴在战时是青年军官的士兵，因为雨夜急行军掉队了，青年军官对他大喊："大步追上！"于是教授追上了队伍。如今青年军官掉队了，要放弃学业，教授严厉地批评他想当逃兵的念头，并用当年青年军官的口气对他大喊："大步追上！"青年军官终于攻克了"堡垒"，追上了队伍。同学们观后很受鼓舞，有的同学说，学习就是解决疑难问题，只要有顽强毅力和进取精神，必会攻克"堡垒"，永不掉队。

年轻老师同样值得尊重

20 世纪 50 年代初，向科学文化进军的号角在全国吹响，扫除文盲活动普及乡镇，祁建华的"快速识字法"推广，没读几天书就写书的高玉宝事迹传遍了祖国各地，业余文化补习学校方兴未艾。毛泽东在《论联合政府》中曾说："从百分之八十的人口中扫除文盲，是新中国的一项重要工作。"对于刚刚走出战争硝烟的共和国，开展工农速成教育是一项新事物。"工中"学生是来自各条战线的成年人，文化水准较低而且参差不齐，学习时间有限，教材内容跨度大，摆在师生面前的困难是可想而知的。从中央教育部到省市教育部门，对"工中"的师资队伍极为重视。我校领导集中主要精力，抓教研组和师资队伍建设，提出"要团结和依靠教师，全心全意为工农教育服务"，本着"有高质量的教师，才有高质量学生"的精神，在省市地区调配优秀教师来校任教。那时，学校有好几位大学毕业并有教学经验的老师任教语文和数学等课程。年轻的老师不多，他们与同学的年龄不相上下。第一学期，曾出现对年轻老师不够尊重的现象，个别学生在课堂上提问不举手，发言不先报告，到台上黑板前演算，衣不整形不正，有时因为某个举止不妥，便引起哄堂大笑。教务处及时重申课堂纪律，班党、团支部通过班委会向全体同学提出：不管我们的年龄多大资历多高，现在的身份是学生。学生必须尊敬老师，不管在校内校外，老师都是我们的"传道授业解惑"者。在以后的几年里，我们遵守校规，在课堂上发言先举手，到黑板前演算或回答问题时，衣服整齐，体态端正。学生走到台前先向老师敬礼，将"记分册"交给老师，回答完毕，在老师将评分写入"记分册"后，接过"记分册"，向老师敬礼再回到座位。在校外，师生相遇，学生要侧立敬候致意。学生尊敬老师，老师爱护学生。"工中"的老师普遍素质高修养好，教学态度和蔼、耐心。年轻的罗老师不止一次地说："你们是新中国建设中的先进生产者，是有贡献的。我从心里尊敬你们。"教我们物理课的女老师来自南方，讲一遍有的同学没听懂，她就放慢速度换一种方法重新讲；抽象的词汇不好理解，就用教具、画图示意……她常常在晚自习时，为物理课吃力的同学补课，有时从基本知识讲起，直到学生明白为止。老师们经常相互听课寻找不足，他们总是在教研室探讨如何依据不同教材，由浅入深地组织课堂教学。那时的师生关系强烈地反映出真诚、淳朴的时代特色。

同学互助其乐无穷

1954 年招入的学生修业年限一律为四年。也就是说，普通中学由初中到高中六年的功课，"工中"原定三年读完，现改为四年完成，并达到高中毕业水准。"工中"是免修外语、美术和音乐课的，同时在学年升级的衔接课程中减去部分重复章节，其他课程与普通中学基本一样。虽然学习时间增加了一年，可是我们的课程安排依然很紧。每天正课六节，上午四节下午两节；早饭前有一节预习课，晚饭后有老师随堂辅导的两节自习课。

1955 年 9 月，安东（现丹东）和锦州两个工农速成中学的 300 多名学生合并到我们学校，此时在校生近千名。那时"工中"的学生均享受国家助学金待遇，其额度是根据个人入学前工资收入的百分比发给。由于各省市或地域不同，助学金高的 40 多元，低的 20 多元，大部分学生是 27 元左右，伙食费是 8 元至 10 元。我在班里属于小字辈，只身一人，没有经济负担，没有家庭牵挂。有的同学年龄已二十七八岁，有的女同学已是两个孩子的妈妈了，难免对学习和家庭生活有一定影响，极个别同学因多种因素退学了。我们那个时代的同学关系坦诚纯真，团结友爱。每个学期，班委会根据同学的视力情况和对功课的理解程度，重新调配座位。我的同桌王维国是来自生产一线的车间主任，比我大五岁。他对几何、物理功课理解很快，听课轻松，对文史科功课有点吃力。他说，在厂子里天天看图纸，脑子里装的全是图形。但他对于历史课的人物、朝代记不准，最怕的是作文，他说："拿起笔写作文比抢铁锤还累，憋得我一个劲儿地喝水。"我来自报社，喜欢文史课，听老师讲语文或史地课时，我的脑海里就会呈现同步画面，可是面对几何、代数作业

小口径步枪校队打靶归来与教练员（解放军）合影

题，常常是记不清定理，找不出如何画延长线。那时，学校采用的是
"五分制"评分法：3分及格，4分良好，5分优秀。我对数理科功课费
了牛劲儿才保持4分成绩，对文科却感到很轻松。我与同桌恰好"取长
补短"，互相帮助进步很快。有一年期末总复习，我俩准备了四页历史
复习题答案各自默背。一天他把答案交给我，让我测试他的记忆。他转
身流利地逐题背诵，我一时跟不上他的速度，正在焦急地找段落时，他
目不转睛地看着我说："该翻篇了。"

我们十分珍惜来之不易的学习机会，刻苦攻读蔚然成风。有的同学
常常在课间休息时，凑在一起议论"定义"和"定理"的内涵与区别；
有的在熄灯后跑到路灯下或厕所里看书；有的甚至打着手电在被窝里默
读化学元素周期表。班里一名马姓男同学身强体壮，一天午睡时，他辗
转反侧思索课堂上小测验的失误。忽然，他发现邻床同学身边有个小药

瓶，瓶上没有标签，瓶里的水是褐色的。他好奇地尝了尝，味道怪怪的、甜甜的，便一口气喝了下去。随后，感到胃里不适，惊醒了身边的同学。同学顺手拿起药瓶，疑惑地发问："哎，我的脚气水哪去了?""我喝了。"马说。"嘻，那是校医自配的脚气药水!"小小的插曲惊醒了全寝室的同学。有人劝他快去校医室，有人要送他去医院。马姓同学自有主意地说："化学老师讲过，水是可以降低溶液浓度的。"说完跑进了洗漱间喝了大量的水。此后，他获绰号"马大胆"。

"除四害"也要清理杂念

1956 年初，《人民日报》载文称："老鼠、麻雀、蚊子、苍蝇是对人民有严重危害的动物。""一只老鼠每天吃粮约 8 钱，一年 18 市斤。全国每年被老鼠吃掉的粮食三亿五千多万斤。"因此，必须在全国展开群众性的"除四害"运动。我们积极响应号召开展行动。学校对各班级只是动员没有定额，我们班利用课余时间在校内抓麻雀、逮老鼠，效果不佳，便在周末自备干粮去农村。老乡们听说"抓耗子"的学生来了特别欢迎。经农户主人同意，我们将场院的稻草垛一层一层翻找，常常在底层发现一窝窝大小老鼠。男女同学一哄而上，老鼠四处逃窜，我们大喊大叫，有用脚踩的，有用网扣的，有用棍打的，这是大家最高兴的时候，就连女同学的胆量也大了起来。有一次，我们提着"战利品"漫步在凯旋路上，班里的田大姐突然说："哎，我腿肚子怎么有点痒啊!"她伸手一摸，发现是个小老鼠，就一把抓住它摔到地上，逗得我们哈哈大笑。

1957 年，我们学校新设了两个文科班，我由十班转到文科班。不久，学校与东北工学院脱钩，隶属省教育厅，更名为辽宁省沈阳工农速成中学。就在这一年放寒假的前几天，学生间搞了一次"向党交心"活动。用大、小字报以"现身说法"进行自我批评。有的同学作自我检查"清高自傲，好高骛远"，有的女同学展出自己的花衣服批判"小资产阶级"思想，还有一名男同学，手拿方砖大的收音机，站在教室门口边播放音乐边检讨自己有"资产阶级"享乐思想。我仔细地看了看他的收音机，感到很新奇。我问他："怎么没有电线也响呀？"他说："这叫'半导体'，用干电池。"那是我第一次见到"半导体收音机"。这次"自我批评"活动，一周就结束了。后来，还有一位同学告诉我他自己的一段爱情波折。1954 年他考入"工中"前，在农村已结婚并有一女儿。他的妻子淳朴善良，是共产党员、村妇女会主任，比他年长五岁，没读过书。他上学后，他的妻子除了忙碌田间的农活外，还要照顾多病的公公，直到把老人送走。空闲时，她为读书的丈夫纳鞋底，一连四个年头，这位同学都是穿着妻子一针一线做的布鞋，直到走完"工中"历程。1958 年，在步入大学的前夕，他想离婚又不好开口，如此过下去，又觉得与自己大学生的"身份"不配。他思前想后，决定回到农村向妻子提出离婚。他的妻子思索片刻回答："同意。"她唯一的要求是留一张合影，因为她从来没有照过相。两个人到县城照了一份立等可取的快照。在回家的路上，这位同学想，爱情的本质应该是责任。他突然把手中的照片撕得粉碎，对妻子说："不离了！"他的妻子笑了。

我们圆了大学梦

工农速成中学是应共和国的需要而创办的特殊学校。这一开创性的举措，体现了新中国决策者的教育思想。毛泽东在 1940 年指出，新民主主义文化教育"应为全民族中百分之九十以上的工农劳苦民众服务，并逐渐成为他们的文化"。1950 年 6 月，周恩来在全国高等教育会议上讲："我们的高等教育首先就要向工农开门，培养工农出身的新型知识

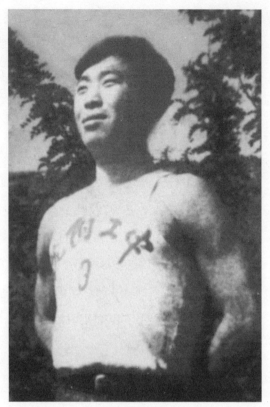

1957 年，笔者于工农速成中学校园留影

分子。"1958 年 7 月，全国工农速成中学最后一批学生告别了"工中"校园，被输送到高等院校。我班党支部书记魏雪凡步入清华大学，团支部书记孙万福走进吉林大学，班长胡熙明被北京中医学院录取，毕业后从医，1984 年任职卫生部副部长，全国政协第八、九届委员。我的同桌王维国考入东北工学院，我就读于中国人民大学新闻系，与高玉宝及其夫人姜宝娥成为同班同学。那位曾经想与妻子离婚的同学与我是同校同系，他大学毕业后被分配到中央直属机关，几年后将妻子女儿接到北京，如今儿孙满堂，白头偕老。

工农速成中学自 1950 年创办到 1955 年教育部、高教部联合发出

《关于工农速成中学停止招生的通知》，五年来在全国建校 87 所，招生 65000 余名。他们受到中等教育后，少数同学被选派出国留学，绝大多数升入高等院校继续深造。随着新中国第一个五年计划的实施和教育事业的发展，1955 年，全国已有 194 所高等院校，毕业生近 5000 人，在校学生 28.8 万余人。

回首 59 年前风华正茂的我们，头顶蓝天，脚踏实地，身背行囊，肩负着梦想和责任，踏上了向科学文化进军的征途。四年的"工中"学业，为我们奠定了文化基础，为接受高等教育和进一步学习政治理论创造了条件，为再一次走上工作岗位为人民服务提高了本领。在那难忘的 1460 个日夜里，我们有欢乐有忧伤，有求知的心得，更有对党对人民终生难报的深情。工农速成中学，虽然在中华民族文化教育史上是短暂的，然而它依然折射出了共和国的辉煌。

苏联的烙印

——那些与青春有关的故事

吴兴唐 口述　于洋 采访整理

1950—1956 年，我在上海市市东中学念书。那时新中国刚成立不久，苏联是我们的"老大哥"，举国上下都在倡导向苏联学习；而我们学校的氛围一向非常开放，师生的思想很活跃，学校文化娱乐活动搞得很好，除读革命书籍、唱革命歌曲外，也非常重视苏联、东欧文化的传播；并且那会儿我们青春年少，正是激情奋进、躁动迷茫、可塑性很强的时候。因此，这六年里我所受的革命教育和苏联文化相互结合，深深地影响了我后来的人生道路。那是一个火红的年代，值得回忆的事很多，我仅从当时苏联文化对我们这一代人的影响的一些侧面做些回想。

"苏联的今天，我们的明天"

我从小就很喜欢读书，中学那几年里把学校图书馆里所有的书都读了一遍，尤其是苏联的文学作品，更是特别喜爱。我最早接触的是法捷

耶夫的《毁灭》和绥拉菲莫维支的《铁流》。《毁灭》是鲁迅翻译的，讲苏联国内战争时期，远东地区一支游击队艰苦奋战的故事，我读后感到非常震撼。法捷耶夫还有本很有名的小说叫《青年近卫军》，讲地下青年组织怎么反抗德国法西斯占领军的统治。其他作家的作品譬如《卓娅和舒拉的故事》《鹰之歌》等，我也非常喜欢。值得一提的是，高尔基的作品中，我对《底层》特别感兴趣。因为我家是工人阶层，我自小就生活在上海的贫民区，住的是一栋石库门房子。原本那是供一家人住的，可当时竟住了十几家，如同电影《七十二家房客》中一样。解放前夕，伪警察每夜来"查户口"，因住得杂乱，我家经常被漏掉。弄堂对面有条河，河对岸就是申新纱厂。我家楼上住着一位 20 来岁从外地逃婚出来的瘦弱女孩子，住在晒台上（原来是晒衣服的地方，改装后成住房），每天天未亮就拿个饭盒去纱厂上工，晚上出厂还要被搜身。这里还住着店员、小学教员、小职员，以及跑单帮的、走卒小贩、国民党逃兵等。我日常接触的多数都是像这样的小市民，看这部作品时便产生了

极大的共鸣。我家很小，天热如蒸笼，天冷如冷窖，于是我主动要求去学校值班，在那里读了许多书。

苏联文艺作品为我带来了对社会主义、对信仰的初步认识。当时新中国成立刚不久，到底什么是社会主义，很多人都不清楚的。加上当时上海经济比较混乱，国民党反动派的飞机还总来轰炸，上海当时最大的发电厂——杨树浦发电厂就曾被炸掉一半。除了炸弹以外，飞机还撒传单，说蒋介石八月半要到上海吃月饼等等。因此一部分人对于上海的未来是很迷茫的。在这样严峻的形势下，我们学校专门开展了主题为"苏联的今天就是我们的明天"的活动，请来从苏联回来的上海市青年代表团到学校做报告，讲苏联人民怎么生活。我当时任学校团委副书记、宣传委员，为配合这一活动，还组织大家看《幸福的生活》《拖拉机手》等一批苏联电影。我们原来放电影的礼堂很小，人一多就挤得不得了。随着看电影的学生越来越多，校长决定建一个新礼堂，但条件非常简陋，屋顶是用草盖的，坐的都是一条条长凳。即便如此，同学们看电影热情仍然很高涨。看完后，我把感兴趣的同学组织起来进行讨论。我看完电影就写观后感，几乎每期黑板报上都会登一篇我的文章。另外，我们每个班都有团支部宣传委员，我召集他们开会，要求每个礼拜都有一次读报活动。但是有时候读报很枯燥，我就让他们读苏联电影影评，尽管篇幅很短，但很受欢迎。而我自己参加党课学习，看到了苏联、社会主义的美好未来，深受鼓舞，从而更加坚定了信念，在 17 岁时就加入了中国共产党。

普通劳动者的化装舞会

苏联文艺作品对我的人生观、人生道路的选择也起到了极其重要的作用。特别是《钢铁是怎样炼成的》里那段著名的话："人的一生应当

这样度过：当一个人回首往事时，不因虚度年华而悔恨，也不因碌碌无为而羞愧。"这给我的印象太深刻了，它帮我树立了一个正确的人生观：不要碌碌无为过一生。苏联文学中很多讲的都是普通人，比如女拖拉机手玛丽亚娜、乡村女老师瓦尔瓦拉等，他们为社会主义奋斗，都是到最艰苦的地方去、到远离莫斯科的地方去搞建设。受他们的影响，我觉得做一个拖拉机手就很好了，当一名老师就很光荣了。后来我跟校长提出：我们学校要培养什么人呢？是普通劳动者。校长很赞成。因为学校在榆林区（后并入杨浦区），我的同学好多都是工人子弟，家境比较贫寒，校长就说："我们学校不是培养学生们去做经理、做老板或者当官，而是做一名普通的劳动者。"后来把"堂堂正正做人，实实在在做事"作为校训。

我在学校里搞了两次化装舞会，参加的同学不是像西方那样穿着奇装异服来"群魔乱舞"，而是志愿从事什么职业，就化装成什么。同学们扮成工程师、医生、教师、记者、造船工作者、炼钢工作者等，最多的则是扮成解放军士兵和军官。我因为一直都非常喜欢文科，想考文学

苏联电影《幸福的生活》海报

类专业做一个记者，所以像教书先生那样穿了一件长褂子，又用树枝做了一支笔拿在手里。舞会非常受同学们的欢迎，没想到后来竟沿袭下去，成为我们学校一个很好的传统了。

我还在学校搞了个校办工厂，校长要我来当厂长。这在当时很少见。我们把工人老师傅从学校旁边的工厂请来，请他教我们用最简单的劳动，譬如用锉刀等做一些简单的活，目的是培养一种工匠精神。当然，这也跟上海的传统有关系。我们这些同学家境比较贫寒，当时生活也比较艰苦，很多人希望初中毕业就去工厂工作，这也算是满足了大家的心愿。我们还曾组织学生去沪东造船厂参观学习、座谈，我的不少同学后来成了优秀的船舶工程师。

苏联电影《拖拉机手》海报

　　而我本想考北京大学文学系或者人民大学新闻系，但是当时有保送上大学的规定，学校选择优秀学生上指定的大学。我是"三好学生"（"三好"即身体好、学习好、工作好），又是团干部，因而被保送到外语学院（现北京外国语大学西校区）。我看了那么多的苏联小说和电影，觉得俄语很好听，中学里也学过一点，所以是很想学俄语的，但当时俄语学院跟外语学院是分开的，中间隔了一条马路，东边的是俄语学院，西边的是外语学院。我去的是后者。我对老师说："俄语不能学，我就学法语吧，法国文学也很好。"老师告诉我："学德语的人太少了，你是党员，根据组织需要，你就学德语吧。"当时大家因为希特勒的缘故，普遍对德国印象不好，为此老师还特意劝我："不要以为你学的是希特勒的语言，它可是马克思的语言！"我被说服了，于是学了德语。

笔者（左）和同学在中学校园里，后面的平房即校办工厂

我的同学们走上工作岗位后，都很兢兢业业，好多人为祖国建设贡献才华。他们是普通的劳动者，也是优秀的劳动者。

跟"保尔"学劳动

可能我们这一代很多人都曾像我一样，从苏联小说、电影汲取能量，以此来克服在学习、工作和生活中遇到的种种困难。有件事我记得很清楚：我最早接触真正的艰苦劳动是修建十三陵水库，那时我刚上大学，天热得不得了，还要拉沙子，女同学在后面推，男同学在前面拉，一天劳动很紧张，晚上大家都疲劳不堪。当时一共要干两个礼拜，可没干几天很多人就受不了了，特别是城市里长大的孩子，包括我自己。甚至还有逃跑的。这时，我建议大队部给大家放电影《保尔·柯察金》。

1991 年访苏时，笔者同当地一所学校中文班学生在一起

其中有一段剧情是讲保尔去修铁路，条件特别艰苦，任务很繁重，饥饿和寒冷时刻威胁着他和其他同志的生命。经过长时间的劳动，他虚弱极了，一天早上实在爬不起来，为了完成党交付的任务，他连连对自己说："起来！不是休息过来了吗，起来呀！你的意志哪去了？站起来！你必须站起来！你退避了，这多卑鄙！你的同志们都干活去了，站起来！站起来！！！"最后，保尔凭着顽强的意志，挣扎着起来继续参加修筑铁路的工作。同学们看到这里非常感动，深受鼓舞，接下来的劳动也变得有干劲了。

当然，苏联文艺作品不光是讲革命、讲奋斗，还具有很强的艺术性和美感，能够很好地陶冶我们的情操，促使我们脱离低级趣味。上海刚解放时，我们在学校唱《我们工人有力量》《解放区的天是明朗的天》《你是灯塔》，但《夜上海》等"靡靡之音"也很流行，好多同学都还在听在唱。从前我乘电车到姑妈家去经过上海光明电影院和百乐门，就听见有人在舞厅里唱，一放关于上海的歌就是《夜上海》，一提上海就是百乐门。当时我特别反感这一现象。其实上海并不是像《上海滩》拍的那样，要么是黑帮，要么是舞女。上海是中国共产党诞生的地方，也是工人运动风起云涌的地方，上海是属于劳动者、属于工人阶级的。所以在学校每天下午搞文化活动的时候，我教同学们唱《红莓花儿开》《莫斯科郊外的晚上》等苏联歌曲，因其旋律十分优美，同学们都很喜欢，大家也变得更有年轻人的朝气和情怀。

跟人打交道有"人情味"

苏联文艺作品往往能够深刻地反映现实和人性，表达人们真挚的情感。那会儿有些少年男女之间有一种朦胧的情感，好多就是看苏联电影而萌发的。这样的纯真友情或者恋情，都在我许多同学的记忆与生活中，包括我自己。

后来中苏论战开始，由于工作需要，中联部提前从学校把我调到部里工作。批判苏联修正主义是件很严肃的事，我认真做好这项工作，但同时对苏联文化仍有一种特殊感情。例如，中联部曾在钓鱼台国宾馆放过内部电影《第四十一》，讲的是苏联国内战争时期，一个苏联红军女战士击毙了40个白匪，但跟一个白匪男军官在一个小岛上恋爱了。接下来有一艘白匪的船来救他们，男军官迎向船去，女战士只好开枪杀了他。当时这部电影被批判为"修正主义"。无独有偶，电影《这里的黎明静悄悄》里女兵沐浴的镜头也遭到了批判。然而在我看来，这些都是很富有艺术性、很有人情味的。

人情味还曾给我带来一些"麻烦"。学校组织小分队去进行禁毒活动，我是队长，因为我同吸毒人员谈话时老是笑着的，就被批评了："你跟这些人笑什么？"我说："他们也不是坏人，应该尊重他们，这样才能赢得他们的尊重，才有可能让他们听我们的劝告，戒掉鸦片。"还有，我上大学一年级时，赶上了"大鸣大放"。我是班里的党支部书记，有人要我贴党委的"大字报"，我想："刚上学一年贴什么大字报呀，党委的同志都挺辛苦的。"有人讲"电灯不好，残害青年"，我很不解："电灯不好，怎么残害青年了？跟党委又有什么关系？"我不写，就被批评。

尽管如此，我仍然坚守着这份人情味。后来我做政党外交和民间外交工作，尤其要做人的工作，依旧保持着这样的行事风格。我在中国驻联邦德国大使馆待了差不多五年，上到联邦德国总理、议会议员、党派领导人，下到普通学生，都成了我的朋友。

有件事我印象很深刻：我刚去使馆不久，对越自卫反击战爆发，德国一批青年把我们使馆包围了。当时正值中午，这群年轻人举着毛主席像，在传达室装修的工人们不懂外语，以为他们是拥护中国共产党、毛主席的，就把他们放了进来。没想到他们竟在使馆大厅里抗议，还想冲击我们的办公室。张彤大使召集紧急会议，对我和熊光楷说："你们一文一武（我在文化处，熊在武官处）去说服他们退出。"我们到现场后，这些人情绪很激动，高声说要同我们辩论。我说："你们别吵。要求辩论可以，但你们擅自闯入使馆，干扰我们使馆工作。要辩论你们可以同我另约时间和地点，现在请你们赶快退出去。"熊光楷接着说："你们要知道，中国使馆是中国的领地，你们闯入并拔掉大厅的电话线是非法的行为，你们赶紧出去，否则我们要叫警察了。"这些人听后马上离开使馆，到路对面喊几声口号，就打打闹闹散去了。几天后组织活动的几个头头真的打电话给我，要我到他们那里去辩论。我应约去了，耐心地同他们讲解中国传统文化，介绍"文革"的情况和改革开放政策，说明我国对越自卫反击战的立场，并对他们提出的各种问题都做了回答。后来这批青年里很多人都成了我的朋友，并变成了了解中国、对中国友好的人，有的还参加了德中友好协会。

我于 20 世纪 90 年代中期到中国国际交流协会任总干事，也有一些日本朋友经常跟我们讨论问题，有时争论很激烈。我除了坚定表示原则以外，还经常讲我童年的故事。我说："我小时候在东海渔村差一点就被日本飞机炸死了，我家里好几个亲属就是被日本人害死的。"我还对他们说，我老家宁波有天童寺和玉皇寺，唐朝时接待过许多日本僧人来学习。但日本军国主义侵略中国罪行累累，罄竹难书，这些都是不争的事实。他们听后很受震撼。我们经常带日本青少年到抗日战争纪念馆参观，他们看了都流下了眼泪。他们说，在日本不知道这段历史，看了纪念馆之后才知道，必须让日本人民特别是年青一代了解历史的真实模样。

亲热的苏联人民

中苏论战开始时，中苏的民间组织在国际会议上互相攻击。时任中联部部长王稼祥说："不要失言失算，不能授人以柄。你讲的话过分了，人家反过来也会还击给你。"对此我是很赞成的。当时传达毛主席内部讲话说赫鲁晓夫是"半修正主义"，那首著名的诗《七律·和郭沫若同志》中有一句是"僧是愚氓犹可训"，就是讲当时"苏修"还可以挽救。后来赫鲁晓夫多次攻击中国和中国领导人，国家关系慢慢也恶化了。

尽管我对苏联文艺作品的感情确实起源于中苏蜜月期，然而这份感情却并没有随着中苏关系的恶化而产生质的变化，原因是我认为苏联人民对我们还是友好的。后来胡耀邦在会见外宾前对中联部领导（因我是新闻发言人也在场）说，中苏两国人民是有深厚感情的。我在驻联邦德国大使馆工作的时候发现，德国人对中国人很尊敬、很有礼貌，但是感觉不亲近；苏联人则特别热情，对中国人非常亲热。一次恰逢德国葡萄酒节，所有驻德国使馆都有代表被邀请参加这次活动，我则代表中国使馆去参加。德国外交部的礼宾官把我介绍给苏联的文化处人员，说："你们自己用德语谈吧。"德国外交部的人告诉我：在驻德使馆中，德语说的最好的是中国人和苏联人；美国人和一些亚洲国家的人只用英语交流；日本人讲德语，别人根本听不懂。刚巧那个苏联人了解一点中国文学，所以我和他用德语谈中苏两国文学作品，聊得很热闹。后来一位美国外交官也走过来想一起聊，无奈德语不太好，我还帮他翻译。过了一会儿德国礼宾官来开玩笑说："哎哟，你们三个大国在一起聊哪，那世界和平就有希望了！"很有意思。

后来我去过苏联几次。一次到一个中学去，看到苏联孩子们在学中文。一个女孩子的妈妈见到我们，特别高兴地说："好多年都不见中国人来了，连中文都没办法好好学。"我听了便让那个女孩常用中文给我写信，女孩的母亲非常高兴。

虽然苏联早已成为过往，但我想这些小说、电影和歌曲会一直留在我们这一代人的心中，正如我们的青春，永不磨灭。

20 世纪 50 年代留日学生是怎样回国的

———

郭平坦

编者按：中国向日本派遣留学生是自甲午战争后的 1896 年开始的，至今已有 120 年。在中国青年留日史上，鲜为人知的是"二战"后在日本东京成立的中国留日同学总会（1946—1966 年）。新中国成立后，根据祖国建设的需要，中国留日同学总会组织动员了 800 多名留学生、知识分子回国参加社会主义建设，连同一般回国华侨共达 4000 人之多。他们在百废待兴的祖国大地上，献出了自己的青春和才干。

郭平坦，1951 年入早稻田大学，连续三届担任中国留日同学总会主席。1956 年回到祖国大陆，曾担任中国旅行社总社亚非处副处长、大阪总领事馆领事、全国台联专职副会长。他与其他爱国留学生一样，为祖国的建设，为祖国的和平统一事业做出了可贵的贡献。

1950—1952 年：个别、不公开地回国

中华人民共和国成立前夕，当时负责与国内联络的杨春松（曾任东

1946 年 5 月，台湾学生联盟与东京同学会合并成立中国留日同学总会，刚完成合并后的台湾学生联盟干部等在东京清华寮前合影

京华侨总会副会长）向部分爱国留学生与华侨介绍国内形势，同时传达了中共中央领导要求动员留日学生回国参加工作的指示，具体要求文科学生原则上现在就回去，理工科学生则毕业后回国。

1950 年 6 月，同学总会收到中华全国学生联合会的一封信。该信代表国内政府部门正式呼吁留日学生回国参加建设。信中写道："希望你们更加努力学习、钻研学术，已结束专业学习的同学尽早回国参加建设。"该信表示："希望你们与归国事务处理委员会直接联系，亦可通过我们联系，以便研究和解决有关问题。"事后得知，1949 年 12 月 6 日政务院成立了办理留学生归国事务委员会，由政务院人事局、文化教育委员会，以及全国学联等 17 个单位组成，统一处理留学生回国的各项事宜。

这些呼吁引起留学生很大震动。因为"二战"期间来的留学生基本上 1950 年起陆续从大学毕业，正在考虑"出路"问题。滞留日本成为

1947 年夏，东京后乐寮的中国留学生爬富士山

华侨，也是一种"出路"。但新中国刚成立，百废待兴，需要大量人才，这一呼吁更有吸引力。这一呼吁不仅激发了留学生把自己所学知识献给祖国的爱国主义激情，亦使他们将自己的前途寄托于正在建设和发展的新中国。因此在留日学生中引发了什么时候、怎样回国的热烈讨论。《留日学生报》陆续刊登先期回国同学的来信，以亲身经历勉励在日本的同学尽早回国。因为他们相互知根知底，先回国的同学的来信很有说服力，令人相信。还有一批同学直接收到教育部归国留学生招待处的归国邀请信。该邀请信写道："中华人民共和国欢迎您及其他留学生归国参加祖国社会主义建设事业。你们入境不需要任何入境证，但如果有身份证明就更方便。"落款是中华人民共和国教育部归国留学生招待处秘书黄新名。

1950 年 6 月起，留日学生开始个别、不公开地回国。当时日本处在以美军为首的盟军占领之下，且因朝鲜战争，我国与美国处于敌对状态，加之受到台湾当局驻日代表团的监视，因此从日本要回到新中国需要办理复杂的手续，只能是个别的、不公开地回国。

首先是出境手续。具体由东京华侨总会（简称东总）统一办理。由留学生本人到东总填写出境申请书，由东总递送台湾当局驻日代表团侨务处，侨务处无权扣留，必须送至盟军总部，由盟军总部审批。因为东总由留学生出身的爱国华侨控制实权，他们积极、负责地办理手续。留日学生出境理由只能写赴香港探亲、旅游，由香港有关旅行社担保。因为英国于1950年1月承认中国，故只要到香港就可回到祖国内地。个别台籍同学填写返回台湾。只要出境理由"正当"，盟军总部一般都能批准出境。当时盟军追捕日本共产党领导人，对出境人员检查很严，以防止日共领导人出境。有的同学回忆，不仅严查出境卡，而且检查行李需好几个小时，凡是带有红五星的书籍都要没收。

其次是物色由日本直接开往香港或开往香港但经过大连、天津、上海等港口的外国籍货轮。这些货轮看到中国留学生要搭船回大陆，就乱要钱。一些货轮经过台湾海峡时，台湾当局会派出飞机或军舰跟踪、监视，但只要是英国等外籍货轮就不敢阻拦，据当时归国的同学回忆，相比之下，入境轻松得多。一到祖国港口，留学生只要有教育部的归国邀请信或同学总会、东总的介绍信就可，与本人所持的大学毕业证书等对照确认身份后被送至北京的归国留学生招待处。1952年7月，从神户乘英轮赴香港的蔡仁癸（后任中国红十字会总会副会长）等20多人（包括家属）由香港中国旅行社接送到深圳。在边防，解放军问有无入境证，而他们没有任何入境材料。这时有一位留学生拿出周恩来总理号召海外留学生回国参加建设的通函，解放军看后欣然欢迎，允许入境。

1950年至1952年回国留学生100多名，连同其家属约300名。

1953 年 7 月，满载留日学生、留日华侨的"兴安丸"抵达天津塘沽港

1953 年：留学生、华侨集体回国高潮

1953 年，新中国开始实施第一个五年计划，祖国建设需要更多人才。在已回国的老同学来信鼓励下，滞留在日本的留学生决定回国人数增多，亦有已毕业或即将毕业的华侨学生要求回国。当时日本经济不景气，一批有技术的台湾工人也要求回国。1953 年初，已累计有 400 多人（包括家属）要求回国。这么多人已不可能采取像过去那样办复杂手续、付昂贵旅费、转道香港回国的办法。

恰好 1952 年 12 月 1 日，中国政府发言人赵安博向新华社记者发表谈话说，在中国的日侨 4 万多人要求返回日本，中国政府希望日本政府派人到北京协商。于是日方三团体——日本红十字会、日中友好协会、平和联络会赴北京与中国红十字会协商。东总获悉此情况后，立即向日本外务省及三团体申请：中国留学生和华侨利用到中国接日侨的日本船只回国。日本外务省及三团体答应在北京与中方商谈时，把此问题提出来。东总向国内反映此事，希望予以支持。当时担任中方代表团团长的廖承志（时任政务院华侨事务委员会副主任）向日方正式提出：在日本有几万名华侨、留学生，其中不少人要求回国，希望日方三团体，尤其日本红十字会能予以更多帮助。

1953 年 2 月下旬，中日双方达成协议，并发表联合声明：由日本政府派船到中国接日侨。日本外务省亚洲司五课向在北京的日方三团体发电报，明确表示同意中国留学生等利用日本船只回国。

1953 年 3 月起，日本船只分别到上海、天津、秦皇岛等港口接日侨返回日本。因为当时朝鲜战争虽已停战但尚未结束，日本政府向美军和南朝鲜交涉对这些船只予以"安全保障"，条件是赴中国的船只不带货物和乘客。这与日方向中方表明同意留学生等利用日本船只回国的承诺有矛盾，再加上 1953 年 4 月台湾当局反对中国留学生乘日本船回大陆，于是此事被搁浅了。

当时接日侨的船只已开三批，有几千名日侨返回日本。于是东总、同学总会联合日本各友好团体展开了一场轰轰烈烈的斗争。日本的友好团体——日中友好协会、平和联络会、妇女联合会、民主团体机关报编辑部、日本共产党、日本红十字会、旅日朝侨联合会等向日本外务省抗议，抨击其食言。刚从中国返回日本的几千名日侨也现身说法，大造舆论，说中国政府对日侨不仅在生活上给予无微不至的关怀，而且在回国问题上也提供方便，真正做到了仁至义尽，而日本政府却如此无礼，等等。日本社会上也掀起了声势浩大的抗议浪潮。日本参议院特别委员会不得不开会研究善后工作，特邀请东总副会长陈焜旺做情况介绍。陈焜旺指出：留学生、华侨回国是生活问题，不是什么政治问题；日本外务省早已承诺，日方三团体亦向中方承诺。他强调，要求回国的留学生、华侨已办理归国手续，一直在生活无着的贫困和不安中等待着，希望尽早解决乘船问题。

1953 年 6 月 5 日，要求归国的留学生、华侨在东京举行促进归国大会。会上对日本政府出尔反尔极为气愤，大会做出决议，举行示威游行，到外务省进行抗议静坐。在傍晚东京街头，二三百名留学生和华侨高举大幅五星红旗，高唱《义勇军进行曲》《团结就是力量》等歌曲，从一桥礼堂游行到霞关日外务省，在大门厅静坐抗议。日方派武装警察把留学生和华侨拉到外务省门外。当时大批记者都来拍照录音，第二天日本各大报大量报道，内容大多是同情中国留学生和华侨的。在此之前，1953 年 5 月 19 日，中国红十字会给日方三团体发来电报称，没有解决留学生、华侨回国的问题以前，暂缓第四次船只来华。在如此强大的压力下，日本政府做出决定：留学生、华侨回国是人道问题，可以乘接日侨的船只回国。

经过坚决的斗争又有祖国的支持、日本友好团体的声援，留学生、华侨集体回国斗争终于胜利了。各地华侨总会和同学会组织人员协助要求回国人员搬运行李，随乘特别列车护送到出发港舞鹤港。终于，1953 年 6 月 27 日，第一批留学生和华侨共 351 人乘"兴安丸"到达天津，受到祖国政府和人民的热烈欢迎。

这次斗争胜利震动了旅日华侨和留学生，要求参加集体回国的人员急速增多。8 月和 11 月，又有两批留学生和华侨回国，共 2650 人。据统计，其中大学以上学历者 165 人（第一批 36 人、第二批 65 人、第三批 64 人），其中理工 44 人、医药 33 人、农业 11 人、经法 34 人、文 20 人、其他 23 人。天津市政府专门成立接待办公室，与政务院侨委等部门共同安排，将归国人员分配到北京、天津、上海、浙江、河南等地，留学生多数被分配到专业对口的科研及院校等部门工作。在此值得一提的是，1953 年这三批归国人员中有 67 名在读高中的华侨子弟，他们或直接到涉外部门工作，或者上大学毕业后工作，都发挥了他们的日语特长，成为有用的人才。

1953 年是集体回国高潮。1954 年至 1955 年有八批小规模的留日学生和华侨集体回国。这一阶段共有 3178 名回国。其中留学生就有 400余人。

1956 年：知识分子定向回国

随着社会主义建设的深入发展，知识分子的重要性日益突出。1956年 1 月中共中央、国务院召开会议，周恩来总理做了《关于知识分子问题的报告》。周总理指出：我国知识分子无论数量上、质量上都不适应社会主义建设的迅速发展，要充分调动和发扬知识分子的积极性，帮助提高他们的觉悟，走与工农结合的道路。大会上发言的还有从美国回国不久的钱学森教授、中国科学院院长郭沫若等。郭沫若具体建议要动员留学美国、英国、日本等近 1 万名留学生回国。此后国务院教育文化委员会、高等教育部、华侨事务委员会等成立专门动员海外知识分子回国的办事机构着手进行工作。

早在 1955 年 11 月 20 日，正在日本访问的中国科学院访日考察团团长郭沫若在东京的华侨欢迎大会上，就向旅日中国青年学生呼吁：祖国正在进行大规模建设，需要大量人才。祖国呼吁你们，祖国需要你们，希望你们努力学习，锻炼身体，将来为祖国做出贡献。1955 年 12 月，中国京剧团访问日本时，该团秘书长孙平化（中日友好协会秘书长）亦找同学总会负责人谈话，强调动员留学生等知识分子回国的重要性。1956 年 2 月，同学总会接到国务院华侨事务委员会主任廖承志的亲笔签名信，要求同学总会动员所有知识分子回国。接着国内要求同学总会提供所有留学生等知识分子的名单，包括大学、专业、现地址、国内亲属等情况。并传递信息称：在英国、法国的留学生已回国，美国的受阻挠，苏联的正在学习，所以动员留日学生等知识分子回国成为重点，要努力工作，让他们踊跃回国。

首先，面对祖国要求动员留学生等知识分子回国的紧迫任务，同学总会及各地同学会做出决议，把动员留学生、华侨学生等知识分子回国作为当前的主要任务，并共同调查已大学毕业的留学生、华侨学生以及已经成为华侨的知识分子等，汇编成花名册，一方面提供给国内，另一方面据此挨家挨户地去动员。其次，是大力宣传，制造舆论，掀起一个高潮。《中国留日学生报》自 1956 年 4 月起每月推出专刊"祖国需要你们"，大幅刊登回国同学热情洋溢的呼吁信。他们在信中讲述祖国有关知识分子的政策，介绍祖国各条战线都迫切期待海外知识分子回国，多么重视他们回国工作等情况，亦具体解释部分同学的疑虑和不安。这些报道引起旅日知识分子强烈反响。该报还发表社论：祖国需要我们！投身到祖国社会主义建设是我们的光荣。许多同学亦接到祖国亲朋与好友鼓励他们回国的来信。此时，"祖国需要你们"和"祖国需要我们"的呼吁和口号交织在一起，掀起一股留学生等知识分子回国的高潮。许多同学纷纷表示决心回国，甚至已在日本落根建立事业的知识分子亦表示，我们来日本不是为了做买卖，一些人清理家产亦要回国。同学会、华侨总会举办欢送会，请即将回国的同学表决心，欢送的同学则表示不久也要回国，彼此鼓舞，互相推动。1956 年 6 月，当年第一批留学生、华侨学生等知识分子与其他华侨一起共 167 人，乘着接日侨的船回国，接着 7 月、8 月又有两批共 275 名留学生、华侨学生等知识分子回国。在他们的影响下，1957 年 5 月刚大学毕业的 140 名华侨学生回国。这些知识分子到教育部招待所，根据本人的专业和志愿被分配到科研、教学部门。

1956 年国庆节，中国科学院院长郭沫若召开欢迎大会，招待从各国回来的留学生。1957 年春节，国务院总理周恩来在北京饭店举行隆重的欢迎大会，亲切接见并向从各国回来的 500 多名留学生发表重要讲话，勉励他们为祖国多做贡献。留日学生也参加了这些招待会，亲身体会到祖国对他们的重视和关怀。

新中国成立初期回国的留日学生等知识分子，已在祖国度过了半个世纪的岁月。他们尽自己的努力，发挥才干，为祖国的建设和发展做出了应有的贡献。他们看到今天祖国国际地位空前提高，经济高速发展，国家稳定、繁荣、富强、团结，甚为自豪。自豪的是自己选择回国参加建设的道路是正确的、光荣的，党和国家亦给予他们许多荣誉。大多留学生、华侨学生等知识分子，被授予教授、研究员等高级职称和相应的行政待遇，还有一批同学被选为各级人大代表、政协委员等。同学们都在互相勉励和安慰，虽然他们现在正安度晚年，但希望看到祖国取得更大的发展、更大的成就。

回忆20世纪50年代的大学生活

———

王贤才

开始有了高校统招

民国时期，大学都是自行招生的，考生到学校所在城市或设有考场的城市去投考。像上海、北京、南京等大城市里，大学多，外地大学也会到这里来设点招生。所以考生们难免要背井离乡，外出应考。而且为了获取经验，增加录取机会，只要考试日期不冲突，都会多考几个学校，从这个城市考到另一个城市。成绩好的，几个学校都录取了，也只能挑选一个去上。所以各个学校在"正取生"之外，还有一批按分数排序的"备取生"，准备填补那些未来报到的空缺。

新中国成立后，从1951年起，政府组织高校统一招考，延续至今，大家都已习以为常了。但在当时，至少在我们这些学生和家长心中，可是一件很大的德政，由衷感到太平盛世、祖国统一的幸福。因为有了统招，一次就能报考很多学校，不用从这个城市考到那个城市，从这个学

20世纪50年代青岛山东大学校门

校考到那个学校了。

　　当时的统考，和过去各校单独招生时一样，也是不分文理科，中学学过的各门课程都要考，统分时会按报考专业作相应的加权处理。比如考理工的，数理化科目加权大；考文史的，文史类科目加权大。还有一点：不是各县市都有考场，只在省会以上城市设考场，因为那时高中还不普及。我是九江人，九江高中毕业生要到南昌去参加统考；但更多是到上海、南京、武汉等周边大城市去考。报考和录取都没有地域限制。招生都在暑假期间，考生除了投亲靠友，也可以免费入住高校的学生宿舍。考完回家。录取名单先以广告形式在主要媒体上公布，比如在上海投考的，就登在《解放日报》《文汇报》等媒体上。从上海开过来的班轮，一般是晚上七八点钟到达九江，带来三天前的上海报纸，这也是当时上海媒体到九江的邮发通道。预定载有统考录取名单的报纸水运到达本城的那天，同学们就心急火燎地早早守候在江轮码头，等候船到。我们班有位同学的父亲是邮局职工，报纸刚一卸下，就抽出两份给我们。我们跑到一边，就着昏暗的路灯，寻找自己的名字，不时传出狂热的欢呼声。十天半月后，就会收到学校寄来的录取通知书。应该说，这才是最确切的录取凭证。

我的情况还有点特殊：1951 年春，我正要读高三下学期时，团市委要我去设在武汉的中南团校学习（当时江西属于中南区）。学完回省，已到了暑假，团市委要我参加工作。那时高校统考已经考过了，我还是想升学。虽说我高三下学期未读，但剩下的课程内容不多；没有高中文凭，可用"同等学历"报考。而且可能由于生源不够，有些高校在单独补招。我终于决定辞职升学。在这之前，我的初恋女友在"参干"运动（就是动员青年学生"参加军事干部学校"的运动）中报名参军，分到青岛某海校，所以我想到青岛去，投考当时还在青岛的山东大学。正好山大的医学院在单独招生。

这时离考试已不到半月时间。我把行李都带上了：一个衣箱，一个用油布包起的铺盖卷，挑在肩上，手里提着的网兜里，放着面盆和洗漱用具（这就是当年负笈求学的学生"形象"），不过我的网兜里还放着要在旅途中复习的高中课本。因为时间已很少了，不能不好好筹划一下：数学、理化、语文、外语只能吃"老本"，不再看了（也无从看起）；刚从团校出来，政治也不再花时间了。首先要看生物，那还是高一时学的，又是考医的重要科目。再就是抢背高中三年的历史和地理。

我从九江乘船去南京，再从津浦线北上，第五天一早来到青岛。从车站出来是一条海滨大道（太平路），不知该往哪里走，正犹豫间，忽听蹄声嘚嘚，一辆马车缓缓驶来，就是我在图书和电影上见过的西方早年那种四轮马车，使我一下有了好感。赶车的老汉看我这模样，招呼

20 世纪 50 年代的青岛太平路

说："是到山大的吧？上车吧。"我不敢搭话。老汉说："放心吧，只要你1000元（旧币，就是0.1元）。"我觉得收费不高，就上了车。

马车就在太平路上走，不时有客人上下。原来这马车就像是公共汽车在运营。转过一个小山坡，老汉说："你从这里上去，转弯就看见山大了。"

就这样顺利到了山大。很快找了个学生宿舍住下。吃饭是在学生食堂。几天后，参加了山大医学院的入学考试，用的都是密封试卷，印象中，这是仅有的一项"保卫"措施。

当时的想法是：要是没考上，就在山大物理系旁听一年，明年再考。已打听过，旁听手续是不难办的。后来还是幸运考上了。

如沐春风

山大是个综合性大学。医学院和农学院的水产系都在鱼山路的校本部。从鱼山路大门进来，去教室或回宿舍，都要经过校部的办公大楼。过道上挂着一叠校报（四开四版的《新山大》），用夹子夹着，挂在墙上；旁边有个朝上开口的小木箱，大约两三张 A4 纸的大小，写有"无人售报"几个字。读者自己取报，把钱投进箱里。我们来来往往，不时走过报箱，眼见报纸渐渐变少了，没有了。我新来学校，还没订上校报时，也是在这个报箱买报的。有一次买报时，正遇上校报编辑室的同志添报，就好奇地问：有少钱的时候吗？那位倒有点奇怪：怎么会少？只有多的——零钱找不开，就多投了。

医学院和农学院的水产系学生是一个食堂（医水食堂）。学生是"包伙"，交一样的钱，吃一样的菜（也就是一人一瓢的大烩菜）。那时还没有粮食定量和粮票，主食吃多少自便（但不能带走）。大约是考虑到同学们的不易，伙食费不是每年或每学期交一次，而是每月交一次；记得是每月 75000 元（旧币，就是 7.5 元）。我记得这个数，因为家里每月给我寄 10 万元（10 元）就很够用了。不过即便这样，有些同学有时还会犯难。交不上伙食费，这个月就不能进食堂。同学们也很自觉，没有混吃或强吃的。

从医学院学生宿舍去文学院那边的途中，有个铁皮屋，门口挂着"大众餐厅"的牌子，是个小饭店。一时凑不齐钱，交不出伙食费的同学，可以到这里来应下急。当然也有约上三朋两友，来这里浅斟慢酌、谈天说地的。我始终不知这饭店的来头，是个什么"性质"的：校办乎？私办乎？好在也无关宏旨。记得进门右手边是张大方桌，放着稀饭、米饭和馒头，还有一碟碟盛好的廉价小菜：芹菜酱干、肉皮冻、煮花生仁之类，明码标价，一般两三百元（两三分钱），不超过 500 元（5分钱）。完全自助式：顾客自取饭菜，自己付钱。这里更简便，连收钱的木箱都没有，钱就放在桌上，找零也是自取。尤有甚者，钱不趁手时，可以"挂账"。所以桌上除了钱，还有欠条，比如"某系学生×××欠洋多少，改日奉还"，下面是签名。服务员收拾碗筷时，也不以为意，随手放过一边，夹在一起。改天有钱了就来"奉还"。也不必找人，放上钱，找出自己的欠条撕掉就是了。服务员说，欠条常在变，旧的去了，新的又来，倒也不绝如缕。过了这"自助区"，再往里才是点菜吃饭的"正规"餐馆。那里是不是也能这样"挂账"，就不清楚了，我没去过。

现在看来，好像有点不可思议。但在当时，这就是发生在校园里很稀松平常的事。没人特为关注，也没有成为日常言谈中的话题，好像生活本来就应该是这样的。

莘莘学子

1951 年我入学时，学费是 40 斤小米，按市价折合现金缴纳。那时小米牌价低于大米，更低于面粉，只能说是象征性收费。（手头有条资料：1949 年 10 月北京小米牌价是每斤旧币 195 元，不到 2 分钱。）因此大学虽说难考，考上了，好像不存在交不起学费读不了书的问题。公办大学大抵如此。我没有上过私立大学，收费情况不详。私立中学是上过的，我在江西上的那个教会中学，每学期学费是大米 1 石 8 斗，杂费 7 斗，共为 2 石 5 斗，约合大米 300 斤。中学如此，私立大学肯定还要贵得多，不是一般人家负担得起的。

所以那个年代大学入学门槛虽高（网上查到的数字，总录取率不到5%），但考上了公立大学，学费是不用愁的，有困难还可申请减免。住宿费则是免交的。大学宿舍对学生都是免费开放。倒是有个生活费问题：每月要交一次饭费。虽说收钱不多，但对有些同学来说，有时也要犯难。这也使我想到山大校园里可能与这有关的另一道"风景线"：到

20 世纪 50 年代的山东大学笔记本

处贴着大学生们卖东西的小广告。卖的东西五花八门：读过、看过的书，玩过的乐器（提琴、胡琴、吉他之类），以及钢笔、衣帽、生活和学习用品等，有点像美国人在自家车库或院里搞的 Garage sale 和 Yard sale。我实习时用的白大褂和听诊器，就是在校园里买的二手货。

随处可见这样的广告，如卖书的："某君急售《××××》（书名），市价 5000 元（旧币），六成新，五折出让。有意者请与 ×× 宿舍 ×× 号 × 君联系。"可以讨价还价。如在广告空白处写上"四折如何"，卖主如写上"同意"，就可以登门付钱取物了。我在工学院那边，还见过一次集体卖场，楼前摆放着形形色色要卖的东西，买主也很多，好像是毕业班同学离校前的"清仓甩卖"。那情形就有点像我后来在美国看到的"跳蚤市场"（Flea market）了。

学校对此好像也是采取理解和宽容的态度。不过有一次也干预了，不是不让卖东西，而是请同学们不要把卖东西的小广告，贴在校部出告示的地方，就是校部办公楼进门处的布告栏，以致校长室的庄严布告下，就是某君急售某物的小广告。这个要求不算过分，所以得到大家的认同，也留在了我的记忆里。

卖东西是一时应急，勤工俭学或打工（那时好像是叫"兼职"）才是更好的出路。这方面的路子也不少，如给人做家教。大学毕业生已有国家分配，不会给人做家教，所以家长能给孩子请个大学生当家教也算很有档次的了。当时大学生还是"珍稀品种"，全国大学生人数也就10万左右，比现在的博士生还要少。

校园里也有事做。比如到总务处登记，分配你打扫一两间教室或实验室，也能挣钱（酬金多少我没问过）。我想是因为教室和实验室不是固定某系某班使用的，所以不便安排学生轮值打扫吧。还可以为教材科刻讲义，大约两张A4纸那么大小的一页蜡纸，刻一张是2000元（0.2元）。我们都做过这事，但那已不是打工挣钱，而是为"抗美援朝"捐献飞机大炮。记得当时山大全校认捐一架战斗机，明码标价，也就是要给国家上缴15亿（15万）元，所以人人想方设法赚钱。各系用其所长，竞显神通：水产系同学兜售自制的简装海鲜罐头，物理系学生给人洗相片，我们刻蜡纸也是为"抗美援朝"效劳，还有很多其他挣钱捐献的门路。集腋成裘，终于完成任务，捐上了一架飞机。

说到打工挣钱，总会想起我的一位同班同学高君。他是温州人，比我大几岁，因为他高中毕业后，在小学教过两年书，才考进山大。此君中等身材，常年穿件黑布（夏季是灰布）长衫。皮肤白净，但很瘦，虽不能说骨瘦如柴，也是瘦骨嶙峋，堪称"骨感"了。他总是背着一个做工拙劣（自己缝制）的黑布大书包，往来于宿舍、教室和图书馆之间。他不但要设法维持自己的生活，还要供养老家双目失明的母亲，困难可知。我和他住在一个宿舍，也难见到他，因为他总是很早就起来，背着他的黑书包到图书馆去了；晚上回来很迟，总是在我们都已睡下后，他才悄悄进屋，摸黑脱衣上床。有一天下午，没有课，忽然发现他在宿舍里，口里喃喃有声。我问他做什么，他说备课。他找了个家教的兼职，辅导一个四年级小男生，也就是讲点数学、语文吧。四年级的课程，还用这么下功夫备课吗？他可是惜时如金的。他说他是练"口语"。那个时候，还没有大力推广普通话，大家说普通话的能力都很差。高君的温州普通话，北方孩子是很难听懂的，所以他要先练一下。仅"最大公约数""最小公倍数"两个词，就很叫他为难，反复练了多次，又说给我听，问能听懂吗。他说这份工作对他很重要：做好了，老娘和他就能生活无忧了。

他每天下午 4 时到小学门口去接他的"小东人"放学（"小东人"是他的原话，至今记忆犹新），护送回府。路上要讲个故事给他听。回到家，开始做功课。不懂的，他再讲一下。5 点半钟，佣人开饭，他陪"小东人"吃。饭后学生自由活动，他总是鼓励学生看故事书，他也可以看自己的书。8 点钟女主人回来（有时是从楼上下来），他就可以走了。那女人长得很好看，对他也很客气，但也透着冷漠。他很奇怪：自己在家时，怎么也不陪孩子吃饭，倒要他陪着吃。后来才知道，那是后妈。他没见过孩子的父亲，据说先生要很晚才能回来，还常常不在青岛。

做这个家教，还有意外之喜：他可以把吃剩的饭菜带回来。他说不带也浪费了，都会倒掉。那时还没有粮票、油票之类的东西，钱还是真正意义上的"通货"，所以有钱人不用很珍惜。

这以后，高君就不用每月交饭费，也不进学生饭堂了。每天早晨和中午，他就用这带回来的饭菜度日。家教的薪酬虽薄（我没问过多少钱），但也能养活他娘了。他自己几乎没有什么花销：不抽烟，不喝酒，也没有什么休闲或娱乐花销。他说在校期间只看过两次电影，就是纪录片《抗美援朝》第一部和《抗美援朝》第二部，学校组织的免费电影。

毕业后，他分配回浙江。1957年前后，我在《中华外科杂志》上看到他写的一篇短文——《尿道排出蛔虫一例报告》，工作单位好像是温州一家医院。我不免为他高兴：终于回到双目失明的母亲身边了。

1952年秋季开学以后，国家对大学生采取全包的政策：学费全免；伙食费也不用交了，国家买单（自己开伙或在家吃饭的，还可把伙食费领出）；贫困生每月另发零用钱；病了有公费医疗。彻底解决了大学生们的后顾之忧。

苏联影响无所不在

我在大学的那几年，正是"中苏蜜月"期间，国家实行"一边倒"政策。各行各业都要学习苏联先进经验，教育界也不例外，甚至抓得更紧，到了亦步亦趋的程度。1952年的全国高校院系大调整，就是学苏联的大动作，可以说伤筋动骨。从此直到改革开放前，再没有理、工、农、医等各科齐全的综合性大学。山大的工学院和农学院都分出去了，医学院也应独立出去，但因校舍困难，延至1956年才正式分出，算是特例。这是宏观上的改变。微观上，就从我们普通学生的视角，苏联影响也是无处不在。比如医学院的教学组织向来是叫"科"的，如解剖科、病理科、寄生虫科等，但苏联是叫"教研组""教研室"，我们也随之跟进，沿用至今。以考试来说，我们一直是百分制，学习苏联，改成"5分制"，当然也是作为先进经验引进的。（不过我们这些1951年和更早入学的人，因为是从百分制过来的，未便中途改制，所以仍维持百分制。现在好像又都改回了百分制。）设立"课代表"，也是学苏联才有的。苏联高校还有所谓"六时（或五时）一贯制"，就是上午安排六节（或五节）课，把课都集中在上午，下午时间全给学生自己支配，我们也搬来了，但是这条学得有点困难，因为贯彻不久就发现：四节课后，同学们已饿得饥肠辘辘，无心听课。有人在早餐时偷偷带点红薯、馒头出来，也不敢明着吃，因为是违规的。那时的团员和学生干部都很尽职尽责，不会做这样的事，也不允许别人这样做。所以这条"先进经验"持续不久，就在全国高校悄悄废止了。

对医学院校来说，还有个全局性的大动作：学习苏联巴甫洛夫先进学说。巴甫洛夫（1849—1936 年）是俄国的杰出生理学家，因发现条件反射曾获 1904 年诺贝尔医学和生理学奖。苏联认为，不仅生理学，整个医学都应在巴甫洛夫学说的指导下。学校专门做了学习巴甫洛夫学说的动员报告。记得我在山大时，曾听过一位来华讲学的苏联专家的报告。专家姓名和报告题目都不记得了，反正是讲条件反射学说的伟大和普遍指导意义的。他说条件反射广泛存在，意义重大，举了很多例证。其中一条是：给家蚕添加食料（桑叶）时让蓝灯闪亮，建立"条件反射"，以后只要蓝灯亮起，家蚕就会把头昂起，期待新料。

讲演结束后，同我们一起听课的老师、著名解剖学家沈福彭教授发言说，按巴甫洛夫学说，条件反射是在高级神经系统也就是大脑皮层建立的，但家蚕这样的动物是没有大脑皮层的，能建立条件反射吗？或者说，它们这个反应是属于条件反射吗？

会场一下轰然，议论纷纷。苏联专家大概也很意外。他没有正面回答沈先生的问题，但态度还是很好的，说沈教授的意见是对的。

有人鼓起掌来。不知道是为沈先生鼓掌，还是为虚怀若谷的苏联专家鼓掌，或者兼而有之吧。

这事给我留下很深的印象，也对我一生产生了很大影响。因为在这之后，我常常提起这事，说至少有些苏联专家是不如我们教授的。1958

年我因这类"反苏"言论被补定为右派。后来听说，沈先生也被打成了右派。那时我已毕业离校，不知道他那几句即兴式发言，对他后来划右有没有影响。

突击学俄语

既然要全面学苏联，学俄语当然也是应有之义，所以20世纪50年代也掀起了学俄语的高潮。1953年前后，各地办起了各种形式的俄语学习班。卫生部专门发出通知，要求医学院校组织专业俄语学习，集中精力，突击15—30天，达到能在辞典帮助下阅读本专业俄文资料的目的。除了教师有脱产或半脱产的突击学习班外，也为学生办了班，自愿参加。那时英语人才比比皆是，俄语人才则很稀缺。如何满足群众中已被激起的学习热情，也不是很容易的。好在青岛这个地方还能另辟蹊径：十月革命时，不少白俄贵族仓皇出逃，到中国来的，除东北外，青岛也是这些白俄的聚居城市之一。这些人在华多年，生儿育女，中青年以下，就是在中国出生和成长的，能说一口流利汉语，但在家里和他们那个圈子里，俄语仍是他们的母语。所以从这些人中遴选俄语教师，不失为解决师资缺乏的好路子。

我也报名参加业余的突击学习。不过我的学习动机很不高尚，是看到从苏联进口的俄文书，无论政治的、文学的还是科技方面的，都很便宜，印刷和装订都比当时我们的图书好，而定价只相当于我们的1/3甚至更低。所以就连来华工作的苏联专家都从中国大量购书带回国去。

给我们讲课的俄语老师是在青岛出生的第二代白俄，20多岁，细高个，长得很帅。名字忘了，口才不错。记得第一天上课时，开场白就很精彩。他说俄语里有个卷舌音"р"（相当于英语中的"r"），发音时舌头要打卷。有人不会，怕学不了俄语，其实不用担心，能学会。学不会也不要紧，列宁就不会发卷舌音，俄国还有位大文豪（好像是说托尔斯泰，我已记不甚清了）也不会发这个卷舌音，但并不影响他们掌握高超、精准的俄语。学了俄语，就能直接阅读普希金、高尔基、托尔斯泰的伟大名著，特别是直接学习列宁、斯大林的伟大著作，也就是能直接听到他们的教导了！

这样的动员是很有力的，记得当时就激起了热情的掌声。其实稍加思索，也能知道这远不是 15 天突击学习所能达到的。

不过俄语是真正的拼音文字，学会字母，懂不懂都能哇哇"读"出来，比英文简单多了。突击单词有点难度，好在没有硬性要求，而且在专业术语上，与我们比较熟悉的英语词汇还很相似。难的是俄语文法，那要比英语复杂得多。最后给我们几百字的俄文资料，开卷考试，让我们查字典译成中文，就算达到学习目的了。

教师们的突击学习时间比我们长一周。记得山大医院内科有位姓黄的主治医师，因为学习成绩优秀，得到加薪一级的奖励，传为美谈。

俄文突击学习，大抵如此。要说这就算基本掌握俄文了，恐怕有点夸张。就是看本专业的书，也是满页生词，不知所云。把这些生词一一查出，要花很长时间，再来一句句一行行分析语法，琢磨语句，这样的艰难阅读，哪能坚持得了！更要命的是，这样的阅读，与其说是读懂了，不如说是猜出来了。因此读比自己专业水平低，自己已经了解的内容，或者还能对付；但要阅读比自己专业水平高，自己尚未了解的内容，就有点云里雾里，把握不住了。但是已经了解的知识，又何劳再用俄文来读一遍？阅读就是要涉猎新领域新知识啊，况且看科技资料不同于看文艺作品，理解错了是可能出大事的！

在这前后，国内很多专家都在自己单位参加了类似的突击学习，有些还出了本专业的俄文译著。我曾看过一位著名外科专家译的苏联外科书，感觉是如果让他自己写这样的书，肯定比他这个译本的内容精彩得多。后来我真的见到了他主持编写的外科书，果然如此。

校园里的"反细菌战"

1952 年 2 月，朝鲜战争期间，我国媒体揭露美国在朝鲜和我国东北地区进行了细菌战。这个骇人听闻的反人类罪行，立即在国内外引起强烈反应。不久就听说，青岛一些山头和远郊，也发现了异常昆虫和物件，可能是美国为细菌战空投的携带病菌的载体。青岛地处海防前沿，与东北隔内海相望，相距不远，高空投掷物飘落到青岛来，也是有可能的，不能不引起我们的重视。大约在这年的三、四月间，学校突然宣布：全校停课半月，接受反细菌战的紧急训练。华岗校长的动员报告里，有两句话至今不忘。他说："学校停课和工厂停工停产一样，都是非常严重的事。"我们也就感到停课的意义非同一般。

医学院学生是集中在校体育馆上大课，讲课内容就是鼠疫、霍乱、斑疹伤寒等可能用作细菌战手段的那些传染病。没有教材，也来不及编写讲义，就是听课记笔记。作为医学院学生，这些内容原要到基础课全部学完，到临床专业课时才会陆续学到的。我们这些一年级学生，刚学基础课不久，很多术语都不清楚，记笔记很有困难。幸亏我旁边坐的是位高年级学长，不时得到他的指点，这才能勉强把笔记记下来。

除了听课，医学院学生还被分到外院外系做"技术指导"。我被分到工学院，哪个系已记不起来了。我到时，已有二三十人集合在那里，他们就要出发，到野外寻找可疑昆虫和物件，先请医学院同学"指导"一下。我受命而来，讲的也就是刚被灌输的一些知识，"现买现卖"，当"二传手"吧。现在只记得两点：一是进入现场前，一定要把袖口和裤脚都捆扎好；二是遇到空中飞来的昆虫，扑打前先要抢占有利方位，也就是关注当时风向，站在上风头再出手扑打，这样才能保护自己。

当时还听说，医学院和理学院的动物系、植物系（山大当时是动物和植物分系，后来才合为生物系）都已抽调老师做技术鉴定工作，接受市里和学生们送来的可疑标本。有位 1946 年入学、当时已留校在病理科当助教、后来成为我好友的学长周惠民先生就被抽调到这个组；还从细菌科抽来了一位老师。他们每天到理学院科学馆里的一个实验室上班，植物系有两位微生物专家负责指导。周先生说他们做了两三个月就悄悄结束了，没有什么重要发现。

现在看来，"细菌战"大约是场虚惊，但从那时开始的"爱国卫生运动"则一直持续下来，在移风易俗、除害灭病上起到了积极作用。

我经历的 1953 年高考

沈大仁

新中国成立前，教育相当落后，穷苦人民的子女无钱上学，许多县城没有高中，有的小县城连一所初中都没有，只有大中城市和比较发达的县城才有高中。就拿我的家乡江西省龙南县来说，1939 年，蒋经国主政赣南，担任赣南行政公署专员时，才开始创办龙南县立中正中学，蒋经国兼任校长，招收初中生。到 20 世纪 40 年代初期，才开始招收高中生一个班，当时能读上高中的学生不多，一般都是有钱有势的大户人家的子弟才能读上。1949 年 8 月 19 日，江西龙南县城在国民党军节节败退的情况下获得解放。县立中正中学改名为龙南中学，1950 年，我初中毕业，接着以第一名的成绩考入高中部，这一年因劳动人民翻身解放，经过了减租减息、土地改革、打倒地主恶霸，生活得到了很大的改善，报考高中的人数猛增至 100 多人。

当时来报考的学生还有定南县、全南县、安远县、信丰县的初中毕业生，这一年录取了 90 名高中生。由于缺乏高中教师，90 名学生没有再分班，到了高一第二学期，学生人数突然降至 36 人。原因是新中国成立后各地乡、镇、村都兴办了许多小学，一时间小学教师奇缺，各地领导机关就动员一些正在就读的高中生到这些小学去当小学教师。到了高二上学期，我们班只剩下 24 人，高二下学期，仅剩下 18 人。由于这个班人数太少，加上高中教师缺乏，赣州行政公署教育局决定把我们 18 位同学合并到赣州市省立赣州中学（简称省赣中）高三年级就读。省赣中原有高三两个班共 90 人左右，我们 18 人加入进去，就有 110 多人。

1953 年 6 月底，我们学完了全部高中课程，接着就参加高中毕业考试，考试结束一个星期后，就开始报名参加高考，总复习的时间只有七八天，不像现在的高考，提前一年或半年多时间就完成了所学课程，可以有充分的时间进行复习。我记得那时是由学校集体办理报名，只收 5 角钱报名费，交两张脱帽半身照片，体检后再填写好报名表和志愿表就完事了。志愿表分七个项目，1—3 项各填一所学校，每所学校可选填三个专业；4—7 项各填一个专业，每个专业可选填三所学校。1953 年以前还没有文理分科（1954 年高考，文理科才分开考试）。中学所学科目全部都要考试，考试科目有语文、数学（包括代数、平面几何、立体几何、解析几何、三角）、外语（英语）、物理、化学、政治（时事）、历史（包括中国史、世界史、社会发展简史）、地理（包括中国地理、世界地理）、生物（包括动物、植物、生理卫生）等，中学阶段所学的全部课程，都在考试之列。我记得政治题还考了有关抗美援朝的内容；地理题考了苏联经济地理；历史题考了社会发展简史；语文作文题是命题作文《记我熟悉的一个人》。

那时候总复习的资料很少，不像现在高考，有一大堆各种版本的各科模拟考试资料可供复习，那时根本就没有任何参考资料，就连钢板刻写的油印资料都很少。高考内容全是所学过的各科理论基础知识的扩展和延伸的各种题目，而且有一定的难度，但是只要你的理论基础知识掌握得好，学得牢固，理解深刻，又能举一反三，这些题目都能解答出来，就不会感到太难。

那时候有些县城因为还没有办高中，所以只在有高中毕业生的县、市才设有考场。我们赣州市在省赣中、市一中、双江中学（原为私立学校）三所学校各设一个考场和一个考试室，三所学校加起来也不过三四百人参加考试。我是在省赣中大礼堂考场参加考试。试卷发下来，同学们非常认真地审题做题，全场鸦雀无声，当时提倡"光荣考试"、自觉自律，没有一个考生偷看、夹带舞弊的，考风考纪特别好。

九门功课，三天考完，第四天学校举行毕业典礼，我们每个同学都写下了坚决服从组织分配的保证书，在大会上踊跃发言，表明自己的决心：党指向哪里，就奔向哪里，就在哪里生根、发芽、开花、结果。大家都愿意服从组织的分配，到祖国最需要的地方去。人人都思想进步，言行一致，毫无顾虑，准备学好本领，为社会主义经济建设服务，为实现共产主义而奋斗！

这以后，大家便回家等候录取通知书的到来。那时候，通信网络不发达，没有手机、电脑和信息台，不像现在这样可以很快就查到自己的考分。在当时只有少数机关才有一部电话，相互联系主要还是通过信函、电报来传递信息。当时全国高等学校招生委员会的招生工作，虽然实行全国统一分配，但基本上还是按大行政区为主进行录取。我们江西省当时是属于中南行政区，管辖范围是河南、湖北、湖南、江西、广东、广西六省，分配到其他大行政区的只是由于少数不同专业的需要，才分配过去。

一直等到9月28日，录取通知书才开始发出，并且在武汉《长江日报》刊登全部录取名单。当时整整有八大张，全是密密麻麻的名字。我们十几个同学天天到邮局去探问，10月2日中午，《长江日报》刚到，我们就向邮局要了两份，开始按一个个名字进行查找，有的同学很快找到了自己的名字，高兴得跳起来；有的同学一直找到下午 6 点也没有找到，他们只好垂头丧气地走了。10 月 3 日，我接到了武汉华中师范学院中文系的录取通知书，高兴了一阵，接着就准备行装，并到省赣中开出了享受乙等助学金的证明，领到了国家补助的车费。于 1953 年 10 月 10 日到达华中师范学院，受到了大学校园里老同学们的热烈欢迎，从此步入了我的大学生活。

在经历了 30 年的风风雨雨后，我在一所中学任语文教师，最后返回我的家乡，在龙南师范学院从教后退休。

一支终生难忘的歌

——20 世纪 60 年代阿尔巴尼亚留学生活漫忆

郑恩波

在我的一生中，结识了很多外国人，有俄罗斯人、阿尔巴尼亚人、塞尔维亚人、克罗地亚人、斯洛文尼亚人、波斯尼亚人、门的内哥罗人、马其顿人、匈牙利人、德国人、波兰人等。然而，最能与我志同道合、心心相印，甚至成为知心朋友的，是阿尔巴尼亚人。我像热爱自己的故乡一样热爱阿尔巴尼亚的一山一水、一草一木，像崇敬我的父老乡亲一般崇敬我的每位阿尔巴尼亚挚友。我对阿尔巴尼亚和阿尔巴尼亚人民之所以有着大海一般的深情，是因为我在那里度过了黄金般的青春年华，并且从那个时候开始，就与阿尔巴尼亚的文化和文艺结下了不解之缘。

获得去阿尔巴尼亚学习进修的机会

我是 1964 年夏天在北京大学俄罗斯语言文学系毕业之后，于同年 9

1964 年寒假，部分留阿同学参观发罗拉时，在伊斯玛依尔·捷玛里塑像前的合影

月 3 日，与其他 35 名男女青年一起，来到阿尔巴尼亚国立地拉那大学进修阿尔巴尼亚语言文学的。说是进修，其实当时连一个阿语字母都不会，一切都是从零开始。那种尴尬别扭、有口难语的艰难劲儿，跟幼儿园三四岁小朋友咿呀学语、看图识字没什么两样。可是，仅仅过了半年，当大多数中国留学生讲起阿语来就像夜莺歌唱的时候，连我这个一向不重视口语的人，也能和同宿舍的阿尔巴尼亚同学简单地交流思想了。而一年以后，我们中的学习尖子竟能为从北京来阿访问演出的战友歌舞团当翻译了。学习速度之快，效果之佳，实在是难以想象，也实在是国内学习外语的大学生无法相比的。

我们的阿语学习为什么能取得令人咂嘴称赞的佳绩？我想，除了大家有一种"千淘万漉虽辛苦，吹尽狂沙始到金"的刻苦发奋、不屈不挠的精神之外，也与国外良好的语言环境，阿方有关方面的高度重视与关心，阿尔巴尼亚老师"唯日孜孜，无敢逸豫"的殷勤教诲，以及许许多多阿尔巴尼亚同学与我们"同声相应，同气相求"，给予我们真诚、细致、耐心、有效的帮助息息相关。

受到阿尔巴尼亚校方无微不至的照顾

对任何国际问题和现象的观察与分析，都不能离开大的国际环境与背景。1964 年前后，正是中阿两国友好关系急剧升温时期，地拉那大学和我们历史—语文系的领导，对 36 名中国留学生的入学，持以十分真诚的欢迎态度。记得系主任科里斯塔奇·普雷夫蒂教授第一次与我谈话时，就像对待自己的亲弟弟似的拍着我的肩膀说："中国人民是我们最伟大、最值得信赖的朋友，我们将像对待自己的孩子一样安排好你们的一切。今后，你们在学习和生活方面有什么困难和要求，要毫不保留地提出来，我们要竭尽一切努力满足你们……"

说完这番话的第二天，三位年轻稳重、很有教学经验的女老师，就来到我们中间，把30 个学习阿语的中国学生分成了三个小班，每班 10 个人。然后，就领着我们郑重其事地开始了学习阿语的紧张生活。另外学习希腊文的五位同志自编一个班，学习条件比我们学阿语的 30 人还要优越。在我们抵阿之前头几年，已经先后有十多位同学进入我们系学习。1965 年秋天，又增加了 10 名新同学。截止到 1966 年秋天，中国留阿学生人数达到了 56 名。这是中国留阿学生人数最多的黄金时期。

教我们1964 年那批同学的老师，除其中一位老师中途离开了我们另有重任外，有四位女老师一直陪伴我们学到回国。这四位老师是系领导从几十位教员中精心选拔出来的德才兼备的标杆教员，在她们身上集中体现了阿尔巴尼亚女性的全部优点。在近三年的时间里，她们当中无任何人缺勤或迟到过，即使感冒发烧，课也是照上不误，没耽误中国学生一分钟的学习时间。

1965 年 8 月，中国驻阿尔巴尼亚大使许建国及夫人方琳在波格拉德茨接见在此地休假的中国留学生

一般说来，外国人不论是男性还是女性，遇事都比较容易急躁，发火瞪眼睛是常有的事。但在那么长的时间里，任何一位老师都没有和我们红过脸，任何一个班里都没有发生过一丁点儿叫人不愉快的事情。

阿尔巴尼亚同学成了我们攻克学习难关的义务辅导员

30 名学生在国内都是全面发展的优等生，但学起外语来，却有很大差异。有个别同学语感非常差，学到半年的时候，连一句完整的话都还说不出口。对待这样一时学习滞后的同学，老师们总是从积极方面多多鼓励他们，从没有说出过一句叫他们伤心的话。每个老师都非常尊重别人的人格和自尊心，从这一点很能看出她们良好的道德修养和巨大的人格魅力。

我完整无缺地保存着 50 年前在地拉那大学学习阿语时的作业本和

笔记本，那上面有三位老师批改我的每篇作文的手迹。那准确无误的用词和修改后优美动听的句子，是老师们良好的语文修养和严肃认真的教学态度的真实写照，也是中阿两国人民一份宝贵的实实在在的友谊文献。如今，当我翻翻自己译的那些阿尔巴尼亚诗歌和小说，读读阿尔巴尼亚和科索沃报刊上发表的一篇篇介绍我的长文，并称我是阿尔巴尼亚文学的伟大鉴赏者和翻译家的时候，我怎能不立刻想起当年三位恩师对我和我的同伴们的无私奉献呢？

宿舍分配房子了，管理员把最结实、最卫生的一栋楼的第二、三层向阳的房间，全都分配给中国学生住。床，几乎全都用新的、钢丝的。毯子和床单，也都是新的或洗得最干净的，数量更是最充足的。而阿尔巴尼亚同学，却很少能享受到这种待遇。为了我们的学习，学校严格挑选出一批学习佳、品德好、思想上进、政治过硬的学生与我们住在一起。这些学生实际上都是帮助我们攻克学习难关的义务辅导员。

地拉那的冬夜有些寒冷，大多数阿尔巴尼亚学生一般过了10点就会进入梦乡。然而，中国学生房间里的灯依然亮着，他们正在不算太亮的灯光下刻苦用功。你如果走进他们的房间里看看，会被中阿学生兄弟、姐妹般的情谊所感动。有的阿尔巴尼亚小伙子在帮助中国同学抄笔记，有的阿尔巴尼亚姑娘在向中国妹妹概述一部小说的内容。那时候，房间里无暖气，于是大家便三三两两地围坐在电炉旁，不是一问一答地对话、准备考试，就是兴致勃勃、津津有味地侃谈各自故乡的风土人情，再不就是一边烤着特洛波叶出的大栗子、核桃仁，一边抿着普尔梅特的烈酒。

要是到了夏天，学校里又会是另一番风景。清晨，在大学城的周围，淡青色的薄雾像幕布一样拉开了，翠绿欲滴的松柏杨柳显得格外的靓丽水灵。喜欢大声朗读的中国姑娘和小伙子在要好的阿尔巴尼亚男女

地拉那大学

青年的陪同下，夹着书本，走进丘坡下的樱桃林里或爱尔巴桑路南面、工程系大楼北侧的那遮天蔽日的橡树、柞树、山毛榉汇成的林海中。他们或满怀深情、进入角色地朗读《渔人之家》《我们的土地》的人物对话，或放声地把弗拉舍里、恰佑比、米杰尼、卡达莱、阿果里的诗篇背诵。那声音如同夜莺婉转动听的歌唱，也好像讨人喜爱的杜鹃合奏出的动人心弦的迎春颂。许多阿尔巴尼亚小伙子和姑娘为帮助中国学友牺牲了大量宝贵的时光，即使在紧张的考试时间也是如此，他们把帮助中国学友学习看得比自己的考试还要重。

同巴尔干各国人民一样，阿尔巴尼亚人也有每天下午四五点钟以后沿城区主要街道散步的习惯。每天傍晚，在地拉那斯堪德培广场和民族烈士大街上散步的人群中，人们总会见到手拉着手并肩前行的中阿大学生。他们喜气洋洋，满面春风，言谈话语中充满了革命向上的内容。日

2003 年 7 月，笔者（前排左三）与他的阿尔巴尼亚文友欢聚在地拉那"五一"花园中国餐馆

久天长的口语实践，练出了一口标准的地拉那话。有了这样的语言基础，我们后来才能承担各种各样的重要翻译任务。50 年后的今天，当我们回顾往昔走过的路程的时候，对当年帮助过我们的阿尔巴尼亚学友，心里依然充满了深深的难以表达的感激之情。

地拉那大学的"美食"

"文革"之前，我国政府虽然没有制定像今天这么多的法律，但是，大事小事做起来却非常有章法。比如，国家对留学生的要求，就非常严格且近情理；对留学生的管理也颇为得体、有方。当时，教育部根据中阿特殊的友好关系，对我们提出了要与阿尔巴尼亚学生同学习、同用餐、同劳动的高标准要求。我作为留阿学生会负责人，在率领同学执行国内指示的过程中，对许多细事有着非常美好的回忆。

大学食堂位于我们居住的那座宿舍楼北面的小丘顶上，是一栋极为普通、简单的平房。小小的浅蓝色方桌如果摆满了，能够容两三百人同时用餐。阿尔巴尼亚学生，不论是男生还是女生，个个都很能吃苦，很少有买全天餐券的，大都只买中午、晚上两餐的用券。有不少学生，一块面包就两个蘸盐的西红柿和一小块奶酪，就算是一顿美餐。这种吃苦的精神，委实令我们钦佩。对比之下，我们中国同学可是"阔气"多了。我们是一天三餐都在食堂吃。这是因为：第一，大使馆明确规定中国学生不能在生活上搞特殊，除个别体质差的学生可以自己做点饭菜之处，其他同学一律都要在学生食堂用餐。第二，我们有可观的助学金作后盾。阿尔巴尼亚政府每月给我们每人6700列克（1965年夏天开始改用新币，折670列克），相当于当时阿尔巴尼亚一个七级工的月薪，折合人民币100多元。而当时国内一位"三八"式老延安，每月的工资才100元出一点头儿。但我们花在伙食上的钱并不多，每天三餐只用80列克（折新币8列克），一个月才用2400列克（即新币240列克），不到助学金的一半。

现在回想起来，公平地讲，当时地拉那大学食堂办得还是相当有特色的。早餐有奶、茶、鸡蛋、奶酪、果酱、蜂蜜、咸橄榄丸；午餐和晚餐各有一道肉菜或鱼、一道凉菜、一道可口的蔬菜汤或芸豆汤，另外还有酸奶或水果。主食面包不限量，可以随便吃。营养相当丰富，花样也蛮多、蛮新鲜。好多菜初次吃不太习惯，但时间长了，则越吃越香，越爱吃。比如面条坨儿加鸡蛋和奶酪、油炒米饭加烤鸡、米粥鸡汤、烤羊肉串等阿式传统菜，都是我和我的中国伙伴们百吃不厌的佳肴。至于咸橄榄丸，那更是当时在国内绝对见不到的鲜货，越嚼越有味道，又下饭又富有营养，实在是朋友聚餐理想的必不可少的小菜。至今一想起来，我都要流口水。橄榄油是阿尔巴尼亚人的主要食用油，用这种油炒出来的菜，味道格外香，异常鲜美；用它生拌西红柿和沙拉，那是令人赞不绝口的特制名菜，对保肝补肾极为有利。我们的小伙子和姑娘们，当时个个吃得红光满面，体重普遍增加了许多。这是阿尔巴尼亚政府和地拉那大学领导特别关心、手艺高的厨师们使出全部烹饪技术的结果，对此我们是时刻铭记在心的。

不过，令我们格外感动的，还是有关方面对我们的特殊关心与厚爱。比如说，中国同学大都喜欢吃猪肉，而对牛、羊肉特别是羊肉不感兴趣，个别女同学甚至连羊肉味儿都不敢闻。于是，食堂管理员就吩咐服务员，尽量把猪肉菜留给中国学生吃。再如，有的同学愿意吃面条坨儿和米饭鸡汤，但就是不喜欢加在里面的奶酪和牛、羊油。我们把这一情况告诉食堂后，厨师和颜悦色地拍着我的肩膀说："百分之百地按照你们的要求办！"阿尔巴尼亚人，特别是普通干力气活的工人、农民，都是很讲信用的，办事总是说到做到。从第二天起，那一盘盘不加奶酪的面条坨儿，不加牛、羊油的米粥鸡汤，便摆在了我们的面前，同学们甭提多高兴了。如果是哪位同学生了病，需要喝点中国式的大米粥或鸡蛋面条，话传到食堂不到半个小时，我们学生会的生活委员就会将热气腾腾的大米粥、鸡蛋面端回宿舍。生病住医院，也会像阿尔巴尼亚公民一样，享受到国人难以想象的特殊待遇：药费、医疗费、伙食费、住院费，一律由阿尔巴尼亚国家承担，患者本人不用掏一分钱。三年中间，我因为患感冒，面部长疖子，曾住过两次医院，一次三天，一次四天，就亲身享受到了这种生来从未享受过的待遇。

令人难忘的美好暑假

我们在阿尔巴尼亚度过的两个暑假，是我们一生中绝无仅有的黄金时光。

阿尔巴尼亚学生的暑假时间很长，差不多有两个月。如何度过这漫

1966 年 7 月，作者（后排中）与地拉那大学历史—语文系的学生一起参加开垦海滨梯田的劳动，三次荣获"突击手"的光荣称号

长的夏天呢？阿尔巴尼亚政府为我们想得很周到。一个月与阿尔巴尼亚大学生一起参加义务劳动，一个月把我们送到海滨、湖畔去避暑消夏。有的去亚得里亚海上的明珠之城都拉斯，有的去爱奥尼亚海岸的度假胜地德尔密，而我本人和一些伙伴，却非常有幸地到奥赫里德湖畔的既古老又崭新的幽静小城波格拉戴茨度过两个盛暑。

奥赫里德湖是巴尔干半岛上最深的淡水湖，海拔 720 米，面积 347 平方公里，最深处达 310 米。这是一个高原上的美景奇观，水深且纯，清澈见底。湖中有一种世界上独一无二的淡水鲑鱼，鱼身两侧各有一排五星，甚是好看。此鱼怪得很，冬天呈红色，夏天变白色，乘游艇在湖面上漫游，比胳膊还要长的鲑鱼结伙成群，在几十米深处白花花的一片，让你分不清是天空的白云倒影在水里，还是鲑鱼列成方阵竞相媲美。我和我的十多个年轻的朋友，就是在这样一种难以描摹的环境中，住在跟高级旅馆几乎没有什么不同的工人休养所里，如醉如痴地度过了

1965 年、1966 年两个永生难忘的暑假。

我们每天的生活丰富多彩。清晨，太阳刚刚在湖东岸马其顿的白雪皑皑的山巅露出笑脸，一群群叫不出名字的水鸟就毫不怕人地在行人的头上翻飞起来。有坐在长椅上读书的同学被鸟儿挑逗得心花怒放，于是丢下书本像顽童一般向水鸟追去……上午 10 点到下午 3 点的 5 个小时，湖畔上、湖水里人声嘈杂，笑语喧哗，非常热闹。玩水的，晒太阳的，叫卖的，沙滩上打排球的，还有那位滑稽的吉卜赛小伙子，正在向女人献殷勤，把一束束鲜艳的玫瑰花献给最漂亮的女郎，逗得我们捧腹大笑。在粗壮的杨树下，女同学正在听几位阿尔巴尼亚少女讲故事……接近 12 点，游泳游累了的小伙子和姑娘们，带着特好的食欲，兴高采烈地坐到餐桌旁。慈祥的大婶立刻笑容可掬地迎上来，询问大家想吃什么菜食。一眨眼工夫，一桌子的菜肴摆得满满当当：喧喧的白面包扑鼻香，里面还夹着纯肉的烤香肠；白切鸡做得清淡可口；奥赫里德湖鲑鱼煎得更叫棒……尊敬的工人休养所的师傅们，每天都让我们感觉像过年一样。这样一连吃上一个月，正在发育的年轻人个个都变得面色红润、身强力壮。

奥赫里德湖畔的夏夜，会让人感到格外的惬意、凉爽。当轻风送来果园里的清香气，当少先队夏令营传来悦耳的歌声，高雅火爆的舞会开始了。我们作为宾客也被邀请到宽敞的凉台上，与休假的工人、教师、国家干部载歌载舞，共同欢度这快乐的时光。

再说说我们与阿尔巴尼亚同学共同劳动的事儿。那是 1966 年的 7 月，约奴弗尔热浪滚滚。这个一向风平浪静的小港湾，一夜间搭起了无数个帐篷和木板房。义务劳动者大军就住在这里，成千上万顷的梯田将修在距海岸边足有 5 公里长的山坡上。

义务劳动者开始向荒山野岭进军。没有掘土机和推土机，一把锹和一把镐就是开山劈岭的全副武装。每人一天挖土一立方米，这是我们必须完成的最低任务。阿尔巴尼亚小伙子们身强力壮，干活卖力，姑娘们也抢起锹和镐，赤脚上阵。中国同学也不示弱。有的脚上流出了鲜血，有的双手磨出了茧，有的肩膀晒破了皮，然而，为了祖国青年的荣誉，为了中阿青年的友谊，每人都拼出了最后的力气。阿尔巴尼亚学生心眼儿好，见我们有的女同学身单力薄完成定额有困难，就你争我抢一起上去帮忙。有位来自科索沃的小伙，简直像一只小老虎，三锹就能削平一道梁。还有那个阿尔巴尼亚姑娘，特别热心肠，每天都要给我们买点好吃的，对此她已经习以为常。我是中国学生中的大块头，一天完成三个定额绝对没问题，我不仅帮助中国女同学，也敢在阿尔巴尼亚男同学面前逞逞强。我一连当了三次突击手，得到大家的一致肯定。在挥汗如雨、你追我赶的劳动中，我再次感悟"到中阿两国人民是同一个战壕里的战友"这句话的深刻含义和分量。

劳动能带给你旺盛的食欲和香甜的睡眠。干完活，黑面包和大块大块的红烧羊肉吃起来感觉特别香。还有那红红的、鲜嫩的、原汁原味的西红柿，几个小伙子一次就能吃上一大筐。

烈日下，风风火火地一连干了8小时，全身又累又乏又脏，如果能跳进大海里痛痛快快地洗个澡，顿时就会疲劳全无，从发梢到脚掌都会感觉到无比的轻松、舒爽。

亚得里亚海的气候非常怪：白日热得像喷火，傍晚就变得特别凉爽。迎着徐徐的海风，我们心旷神怡地坐在软绵绵的沙滩上。这时，有人可能会起来表演个杂剧小段，乐得姑娘们前仰后合。我们来自中国的留学生也表演节目，比如来个男女声小合唱，博得了大家的热烈喝彩和鼓掌……

约奴弗尔群岭上的梯田里，我们的汗水没有白流。后来我又多次到过此地，当年的荒山野岭早已是绿荫遍地，果树成行。

岁月匆匆，青春似箭，转眼即逝50年。50年来，我既饱尝过春日里百花吐艳的芳香，也经受过风雨雷电的考验。但是，不管道路多么曲折，境遇何等艰难，为中阿友谊大厦添彩增辉的意愿却始终未曾改变。我想告诉我当年的阿尔巴尼亚老师、同学和兄弟姐妹们，这些年来，在地球东面的中华人民共和国，有一只红色的山鹰（阿尔巴尼亚号称"山鹰之国"）翱翔在高高的云天。在他力所能及的范围内，为了中阿的友谊，他全力以赴，高声呐喊，一直在向中阿友谊的喜马拉雅之巅奋进、登攀。

我们的青春岁月

李增春

时光荏苒，岁月沧桑，在"文革"中"上山下乡"，献出宝贵青春的"老知青"们，如今都已是人到老年。"记如烟往事，念如火青春"，是这一代人共有的"知青情结"。在这种情结中，既有对蹉跎青春的哀挽，也有对理想激情的叹恋；既有对历史遭际的反思，也有对相濡情谊的感念。

浩荡大军，自有先锋

1968年12月22日，《人民日报》发表重要文章《我们也有两只手，不在城里吃闲饭》，文中首次引用了毛泽东的一段批示："知识青年到农村去，接受贫下中农的再教育，很有必要。要说服城里干部和其他人，把自己初中、高中、大学毕业的子女，送到乡下去，来一个动员。各地农村的同志应当欢迎他们去。"这一指示的发表，无疑是"文革"中"上山下乡运动"的"号角"。自此以后，知识青年"上山下乡运动"在全国范围内掀起了高潮，直至 1980 年才宣告结束。但需要指出的是：早在该指示发表前的半年甚至一年多的时间里，全国各地已陆续有数百万名城市知青，被有组织、有计划地安置到广大农村中去"大有作为"了。而关于"上山下乡运动"起始于 1968 年的看法，则是以毛泽东发表上述"最高指示"的宏大政治背景为基础，以蔚成规模的运动事件为依据提出的。

　　1967 年 10 月到 12 月期间，在首都北京，已先后有 4 批达数千人的知青，分赴内蒙古牧区和北大荒垦区落户扎根了。最早是以北京二十五中 66 届高中生曲折（时为北京中学红代会干部）为首的 10 人，他们率先倡议上山下乡并身体力行，在当时北京革委会的支持下，于当年 10 月 9 日在天安门宣誓出发，乘坐汽车，经过 5 天行程，到达目的地内蒙古锡林郭勒盟西乌珠穆沁旗白音宝力格公社插队落户，成为"上山下乡运动"的"开路先锋"。此后 11 月 16 日，又有一批多达数百人的北京知青（带头人是笔者的同班同学、北京师大附中高三二班何方方），分乘汽车奔赴内蒙古锡盟东、西乌旗插队落户。数天后，11 月 20 日，一趟专列火车满载着来自北京数十所中学的上千名初、高中生，开往比内蒙古更远的边疆——东北农垦总局（翌年组建为"黑龙江生产建设兵团"）所辖黑龙江省密山、虎林沿线的十数个农场和农机厂扎根落户。到了 12 月，另一专列载着上千名北京知青，抵达上述北大荒垦区。以上是笔者掌握的大致情况。总之，三个月中紧锣密鼓，一环扣一环，人数由十而百而千；由汽车而火车，由内蒙古草原到三江平原；天安门前宣誓出发，声势浩大，锣鼓喧天；报纸、广播突出报道，领导接见，"上边"的意图、中央的决心已透过事件显现。无论是从人数规模、社会影响看还是从榜样力量来看，发生于 1967 年第四季度的上述事件都不可小觑，它无疑是知识青年"上山下乡运动"的先声和序曲。

笔者就是 11 月 20 日赴北大荒垦区千名知青的一员。我的母校师大附中位于宣武区界内，我们 34 名校友（从初一到高三各个年级都有）同宣武区另外 12 所学校的学友，总共 165 人一起，被分配到位于黑龙江省虎林县境内的东北农垦总局迎春机械厂，短则几年，多则十几年（个别人甚至几十年至今），在这里度过了难忘的知青岁月。

秋风秋雨，赤子将行

1967 年深秋，10 月中下旬，停课已一年多的校园里，寂寥冷清，了无生机。无学可上，无书可读，"狂欢"已过，路在哪里？

这时，传来一个令人兴奋的消息："内蒙古牧区和东北垦区都来北京招人啦！"据刘小萌所著《中国知青口述史》中曲折本人亲述，他们 10 月 9 日从北京出发，10 日就被时任中央文革副组长的陈伯达获知，11 日就在《人民日报》头版登出了消息。曲折说："这一广播、一登报，影响就大了……中央明确表态支持。所以，很快就有了第二批，他们的方向有两个，一是东北，一是内蒙古。"时隔 30 多年后，曲折所说的这番话，几笔勾出了当时事件的基本脉络。而当时的我们，广播、登报是知道的，也一起议论过；但是当上述消息传来时，似乎没有人立即有意识地把它同曲折等人的行动助推中央的决心联系起来。究其原因，一是少年幼稚，缺乏政治经验；二是事态进展太快，还来不及形成概念。我们只知道：毛泽东主席指引过、先行者实践过、我们向往并表态过（笔者就曾在班会上郑重表示，要在毕业后"走董加耕的道路"）的"上山下乡，和工农相结合"的道路，如今已在我们面前敞开了。于是，"志同道合"的同学都聚在一起议论此事，互通消息，很快就产生为数不多的一批下定决心者，相邀一起报了名。

一个内蒙古，一个东北，去哪里呢？现在想来，做这个抉择也是比较随意的，大都不是出于挑肥拣瘦的考虑，而是一看同伴，二随兴趣。有的说，当时和报名内蒙古的一些人关系生疏或不和，所以弃内蒙古而选东北；有的说，北大荒机械化作业，开着拖拉机很神气；有的则觉得去牧区生活会不习惯，东北虽冷但习惯相近，所以选了后者。比较理性早熟的也有，主选东北是考虑到"那里发工资而不是拿工分"，这在当时平民家庭普遍经济窘困的情况下也不足为怪。但家庭困难的人当时何止少数，甘于离京、离家去吃苦的毕竟不多，有此勇气者也仍然是"听毛主席的话"在先，个人考虑在后，这是毋庸置疑的。当时决心"上山下乡"的这一批人，大体出于三种情况：一是政治热情高、"思想成熟"型的，"文革"前就已有"上山下乡，和工农相结合"的想法，现在觉得到了拿出实际行动的时候了。这些人以高中生居多。二是单纯天真、"激情浪漫"型的，厌烦了涣散和无聊，想打开生活的"新篇章"，开辟一片"新天地"。这些人以初中生居多。三是身处逆境、"发愤图强"型的。这三者也不是截然分开的，在特定的人身上也可能兼而有之，拿笔者本人来说，差不多就是第一种和第三种的"混合型"。总之，和其后几年多达上千万的下乡知青相比，1967 年"走"的这一批，大多还是更富冲劲、闯劲。因此，在现在看来是至关重要的、脱胎换骨般的"人生第一步"，他们当时却从"理想""守信"和"求新"出发，举重若轻地决定下来，迈出去了。

就这样，我所在的师大附中，最后有 34 人报名去东北农垦总局（俗称"北大荒"的三江平原）并获得批准。最初报名时，并不知道去哪个具体单位，待基本确定下来时，才得知：我们宣武区 13 所中学的 165 人，是去位于黑龙江省虎林县迎春镇的农垦总局机械厂。听到这个消息很少有为了工厂条件相对好些而庆幸的，只是交谈中觉得所学文化可能更有用武之地。

前不久，笔者向现在定居石家庄，当年来接我们的老领导高洁同志询问当年来京接收我们的具体情况。老厂长说：他们大约是在 10 月中旬接到总局通知，说是北京方面将有一批学生来北大荒安置就业，给厂里的指标大约是 160 人，接收地点是宣武区。紧急研究过后，就由时任副厂长的他率领另外 3 名干部出发了。到北京安顿下来就去找宣武区政府联系，而对方早已知道并已作安排，当即介绍他们到 13 所中学（计有师大附中、外语附中、十四中、十五中、四十三中、六十三中、六十八中、七十中、九十五中、女五中、女七中、和平门中学、育才学校）接洽此事。由此可知：中央确实是在此时下了决心，并着手部署"上山下乡运动"。而近年解密的有关红头文件，反映出当时北京及各大城市主管当局对大批学生滞留城市，既无学可上又无业可就的状况的担忧，而他们的建议则是向外疏散人口，出口当然是广大农村和边疆。其背后的经济社会压力也是不言而喻的。

耐人寻味的是老厂长说的下列一番话：

——"当时我们确定的原则是'五同意'：'本人同意，老师同意，学校同意，家长同意，厂方同意。'班主任老师、军管代表，都征求了意见，在一些学校开了情况介绍会。特别是家长，把人家孩子领走了，走那么远，哪能不跟人说一声？走访了很多家长，介绍情况，征求意见，确实同意了才算数。"

这是和 1968 年以后日趋强化的硬性"一刀切"有所不同的。这既是由于他们本身的朴实和善良使然，也是由于当时还仅仅是开端。当铺天盖地的运动高潮席卷而来时，"指示"所要求的"说服"和"动员"，在基层就变成了"要求"与"命令"。

——"刚来北京时心里没底，觉得北京的'红卫兵'可能不好管理。接触以后看法改变了，都很有热情有朝气，决心很大，一些人素质还很高。所以招收工作很顺利，最后还多要了几个。"

我们宣武区十三校的 165 人，大多堪称"热血青年"，一些人在校时可能也干过错事，但对"走和工农相结合的道路"的态度是真诚的。任何时代的青年人都自有其可爱之处，老厂长们由担心、怀疑到高兴、满意，是我们这些北京中学生给他们留下了良好的第一印象。以后的事实也证明，我们是不负他们和北大荒老职工的欣赏与信任的。

另据一位同伴回忆，与老厂长同来的中层干部王海庭，在学校为此召开的家长会上实事求是地细述厂情，甚至还特意把艰苦条件突出渲染出来："干打垒"的土坯房，连阴雨天气屋顶常常漏雨，这叫"哭天抹泪儿"；日久天长墙面沉陷倾斜，要用木杆子支撑，这叫"拄拐棍儿"；寒冬腊月零下三四十摄氏度天气，北风呼啸也得到外面上厕所，"茅楼"底下的粪坨冻得邦邦硬，越积越高，这叫"冰糖葫芦儿"。这使人想起大庆"王铁人"们艰苦奋斗、乐观豪迈的精神；实际上，当时"北大荒人"乃至全国各地的共和国建设者们，都共同拥有这种精神。而当时的同学和家长们，没听说有谁被这种艰苦环境的介绍吓退的，反倒激发了挑战困难的决心和信心。

以上情况说明，当时固然是出于形势所然，但是对于热血沸腾的"有志青年"来说，却是出于"正义的冲动"和自愿，觉得自己是有为的。当时的知青安置工作刚刚起步，确实既无"压制"也无"劝诱"，我们既不是被"逼"去的，也不是被"哄"去的。和我们同一专列的北京其他学校的上千人，情况也完全一样。

千里赴北疆，风雪唱大荒

于是，严冬时节，我们集合。像曲折他们那样在天安门前宣誓，如将士出征一样的仪式，此后深深铭刻在心。一位同伴至今保存着当时手抄的誓词，后边还清楚地盖着她本人的名章。"我们决心脱下学生装，换上粗布衣，甘当小学生，一辈子向工农兵学习，一辈子走和工农相结合的道路……我们要让千里冰原长满茂盛的庄稼，把祖国北大荒建设成强大的反修基地，要让北大荒的天空响彻毛泽东思想的凯歌。"一方面有"甘当小学生""脱胎换骨"的谦恭，另一方面有"改天换地"的豪迈，这就是那个年代青年人的真实写照。

1967年11月20日，这个在别人看来普普通通的一天，在我们1000多名踏上当日专列、奔赴北大荒垦区的昔日北京中学生心中，却是永生难忘的日子。一早，我们背起简陋的行装，在家人含泪目送下，离开分布在京城大街小巷的家门，到达北京火车站集合。站台上熙熙攘攘，满是"欢送"的师长和亲友。记得一位年迈的语文老师，执意夺过我手中的提包，送我到车前，自始至终一句话不说，眼中却饱含着对"得意门生"远行的痛惜和眷念。一位未上学的幼子因无人照顾而触电夭亡的我校女领导，站在车窗下热泪滚滚，握住我们的手久久不愿放开。而"少年不识愁滋味"的我们，很少有人愁容满面，有的人还笑着、叫着，为几天几夜的铁路旅程感到刺激，为即将开始的全新而陌生的生活感到新奇。

接近中午时分，列车开动了。挥别亲友师长，才有几分酸楚和惆怅涌上心头。但也只是一时而已，并没有"汽笛一声肠已断，从此天涯孤旅"的感觉。那时铁路运输远没有现在快捷，再加上是专列，一路上会车、让车，到我们下车时，全程竟已有三天两夜。一路上，车厢里热闹非常，说的、笑的、唱的、跳的都有，晚间也有兴奋不眠的。说起唱的、跳的，记得除我们自己外，还有好几拨别的车厢的外区、外校同学过来表演，对于从小接受艺术熏陶，"文革"中又得以大展才华的许多人来说，这是乐意为之的拿手好戏。其中西城区华侨学校创作并当场教唱的歌曲《毛主席的儿女志在四方》，词曲俱佳，颇受欢迎，至今我们还传诵不忘。这样一来，无形中拉近了彼此的距离，虽互不相识，但亲近感油然而生。现在回想起来，一个个少男少女是那么鲜活可爱，那么生气勃勃。有道是"百年修得同船渡"，我们一起同车远"渡"3000里的"童男童女"，大家真的是缘分不浅了。说到"童男童女"，不知是有意还是凑巧，我们去迎春机械厂的165人，男82人，女83人，基本相当。实际上，这些人中终成眷属的有30多对，其余都另寻他路，个别人后来还远嫁海外。

列车经天津、唐山，出山海关，一路北行，越走越旷，越走越冷，过沈阳越吉林，进入辽阔的北疆大省——黑龙江省。到哈尔滨是次日夜间，停车发放狗皮棉帽，一律式样，不分男女。又一个白天到来了，此时车已经掉头向东，穿越白雪皑皑的重重山岭，渐渐驶入冰封雪盖的三江平原。过了鸡西之后，陆续有人在沿途下车。他们的去向是沿密山、虎林二县周边的农场，这些农场都以10年前开发北大荒的10万转业官兵原属部队番号命名，都是"八五"后边再加一位数字；1968年6月以后，改称黑龙江生产建设兵团四师各团。一节节车厢空了，心也随之空旷起来。

北国冬日，昼短夜长，下午四五点钟已完全天黑。此刻又值大雪天气，天幕更是黑得浓重。而车窗外的大地则是冰雪覆盖，在夜幕下显现闪烁的银白色。车到虎林又卸下一批人后，只剩下我们这165人，驶向我们的目的地：距这条铁路终端也就是国境线只差几十里路的小镇——迎春。

远处工厂烟囱的轮廓依稀可见；荒原上偶见灯火点点；越响越近的锣鼓声和口号声伴随风声传入耳鼓，那是工厂的职工和家属顶风冒雪，在这严冬的夜晚列队守候、欢迎我们的到来。

后来的故事

这是一座由中国的"农垦司令"王震亲自选址的农业机械厂，它的前身可以追溯到日本占领时期和国民党统治时期天津的军用汽车修理厂，以及解放战争时期和新中国成立后先随军南下武汉，又北上哈尔滨，再迁本溪，后归沈阳的东北军区汽车修配厂。它的人员籍贯覆盖五湖四海，除"老天津""老沈阳"之外，后加入的转业官兵来自天南地北，加上山东支边青年和后来的城市知识青年，全国各省、市、自治区几乎无所不包。它拥有从老红军到老八路的朴实勤勉的一批干部，一批堪称"大工匠"的技艺精良的工人骨干和身怀才艺而遭放逐的一批业务、技术人员。它于1959年迁到北大荒后，就落地生根在虎林县迎春镇南郊的这片土地上，1000多名职工和两三千名家属在这里休养生息，牺牲奉献。小到螺丝钉，大到活塞、齿轮，直至拖车、吉普车，他们都能生产，满足垦区的农机需要，同时还耕耘着万亩农田。当165名北京知青加入迎春机械厂的"大家庭"时，在接受"再教育"的同时，也给这里带来了朝气，平添了生机。后来的《厂史》中评价说：这些青年"作风正派，生活朴素，品学兼优，待人有礼"。劳动生产、技术革新、宣传文体、文化教育，到处有我们热情的身影；"三线"建厂、开荒夜战、雨涝麦收、扑灭荒火，到处有我们奋勇的身躯。

大学时代的回忆

李 强

　　我是 1978 年考进华中地区湖北中医学院的，那时国家正进行"文革"后教育战线的拨乱反正，我们是全国恢复高校招生考试的第二届（也是应届在校生全体参加的第一届）。因为参考者层次不一，人数众多，竞争十分激烈，我有幸成为当时进入高等学府 3% 比例中的一员，并直接从中学升入了大学。我大学生活的起点应该就从入学报到这一天算起。

　　记得是在 10 月初的一天，我来到湖北中医学院。那时学校位于武汉市武昌区阅马场，隔壁"红楼"享誉海内外，它是辛亥革命起义军打响推翻清王朝和建立共和第一枪的指挥部，与此圣地为邻，实感荣光。进入校门后，便看到许多新生排着队，凭录取通知书办理注册手续，领取校徽、白大褂、碗和进餐券，同时在礼堂集中听取入学介绍。当时全校共有 76、77、78 三个年级，医疗、中药两个专业，学生约 900 人。不过很快得知，我所在的医疗系 78（3）班被安排到了昙华林新校园。

　　昙华林校园坐落于曾经繁茂的"文化中心"，那里紧挨学校附属医院，即原基督教英国伦敦会所办的仁济医院和意大利圣方济各会所办的圣约瑟医院合并而成的湖北医院。还有武汉 14 中，其前身为首义后成立的省立一中。后来听说很多名人，包括陈潭秋、严文井、聂华苓等都曾在此学习。

先期进入新校园的只有我们一个班，住在一栋历经百年沧桑的三层砖楼里，它属原基督教美国圣公会 1871 年创办的文华书院建筑群。1924 年华中师范大学前身私立武昌华中大学在此成立。该楼为西洋格调，室内空间高、光线暗，木地板因年久失修，走起路来吱吱嘎嘎，整层可听到。我们男生住二、三楼，女生宿舍和教室在一楼。食堂位于教室旁，进餐凭餐券，一张券打一份饭菜，病号饭为面条。根据国家政策，大学实行"助学金"制度，学校对家庭经济条件较差的学生有甲、乙、丙三等补助，我因家庭人均收入超标不在其列。

我班当时是全校最大的班，共 99 人，25 名女生，74 名男生。其中十余人为老三届（1966—1968 年中学毕业生），一半以上为非应届毕业。班上不乏名人子女，像蒋经国和邓小平在莫斯科的同窗、原人民文学出版社总编辑聂绀弩女婿林肇昆，副省长田英之女田兰，江岸区委领导之子文建华，铁道部第四设计院总工程师之子李伟等。王爱林高考 350 多分（全校最高），张文军是高一在校推荐考生，加上许多含而未露的才子，说它"藏龙卧虎"，后来看来，似乎也不为过。辅导员蒋业志先生是 20 世纪 50 年代初毕业于北京政法大学（现为中国政法大学）的高才生，曾参加过中华人民共和国第一部宪法的起草工作。

医疗专业开的科目分以下几类：中医基础、临床，西医基础、临床，中医经典和其他科目，如政治经济学、中共党史、英语等。按学科性质有考试和考查之分，考试记分数，考查是通过或不通过。一般大家对考试科目重视些，但也有例外。陈爱民在考试的《方剂学》课堂，复习考查的西医《病理学》，因用功过度，栽倒在地就是一例。对我来说更为不幸，考试的《方剂学》居然不及格。那年班上两人未通过，另一位是王爱林的考查科目《医古文》。主科成绩会影响到副科学习，我原对英语感兴趣，成绩是亮点之一。但副科必须把时间"让"给主科，次年便把我从英语A班安排进B班，与年龄较大或考试分数低的同学为伍。

我班女生比男生刻苦，每次考试前几名多为女生。有些同学下课基本不离开板凳，放学吃完饭马上回到教室的人不少。宣传较多的雷锋"钉子"精神，反映在她们身上最恰当不过；年龄大的比年龄小的同学用功。或许源于社会阅历，他们更珍惜失而复得的学习机会；农村或其他地区学生比武汉学生努力，读书可能是他们变换环境的最好机会。说来也许不信，来自汉川的同学毛新龙可将两个学期学完的《温病学》原文，半小时内从头背到尾，有次用功过度甚至晕倒在食堂。聪明、刻苦用在他们身上一点也不为过。

我在大学学习有个起伏过程。刚进校时童心未泯，玩兴很大，觉得博大精深的中医缺乏激情和创造，枯燥无味，因此得过且过，依赖上课效率，下课很少复习。有时晚上没睡好觉，课堂还会补上。像我这样的同学班上还有一些，大家对付考试有套办法，考前套题，复习重点；考试交流，忘记的内容问问。课余多是打扑克、下棋或是看电影、电视。湖北剧场、武昌电影院、人民电影院、黄鹤楼电影院和武昌工人文化宫等频繁留下我们的足迹。当时国家刚开放，香港地区、西方国家和我国新中国成立前的电影比较新奇，像《望乡》《追捕》《三笑》《巴士奇遇结良缘》《佐罗》《流浪者》《车队》《一江春水向东流》《加里森敢死队》等，印象很深。那次在湖北剧场买票时，我的钱包还被人一偷而空。我们也去其他学校看电影，有次看完电影深夜回来，校门已锁，大家不得不翻墙而入。因常看电影，我对演员特别崇拜。那年得知北京电影学院招生，我还专门读过简章，1.75米的身高要求让我戛然止步。我对中医学认识上的进步应在临床见习以后。

在学校大家朝夕相处，同学之情随处可见。有次我患感冒，葛声慧端茶倒水，关怀备至；有位同学患精神病，大家昼夜值班，轮流看护，这种事很常见。新的学生宿舍楼建好后，我班男生搬到六、七楼，我常和胡少明、熊益群、周大桥等一起出去吃早点或宵夜，喝豆浆，吃油条，热干面或煎饺，一人请客大家分享。若某人不能去，大家便带一份回来，似乎有点共产主义的味道。

我也和同学闹过矛盾，印象较深的是与78（2）班罗君那次因午餐引发的冲突。学校中午12点开饭，那天我们下课较晚，食堂很多人排队。我班先到的一位同学招呼我去前面，我便插了进去。罗表示不满，我俩发生口角，进而动手。罗高个，挺有派头，篮球、排球打得不错。女友是同班同学，很漂亮，那时学校谈恋爱的不多，因此他们一对十分抢眼。也许受"延安"（中学校名。当时的学校以政治运动为主，同学间不时打架，我虽然担任班长，打架也不郎当）精神鼓舞，我偏要在"太岁"头上动土。

在我们班上，时事造就了一些红极一时的英雄人物。林俊华湖中救人不留名、陶松江江中救人不畏险均传为佳话，当时报纸登载了他们的照片和事迹，电台也广为宣传，使其名扬江城。学校自然组织我们向英雄学习，林因此成为在校较早加入共产党的学生；同学中也有另类出名者，两位来自沙市的同学在华工盗窃，案发后被公安机关侦破，一个被开除学籍，另一个被勒令退学；还有两位同学因在不同场合的流氓行为，被给予留校察看处分。这些给我们敲响了警钟，放松思想警戒，一念之差就可能做出影响一生的傻事。"一失足成千古恨"不值得。

张文军的故事比较特殊。张父是位从事导弹方面研究的专家，母亲从事教育工作，他们一直希望儿子能够进入医学领域，做一名医生。作为在校高一学生，张能以高于一般考生许多的录取线进入到湖北中医学院，应该算是遂了父母的心愿。不过入学后，张由对中医的无兴趣、不适应，发展到对解剖课尸体过敏，几周后索性离开了教室。学校为留住这位能将《简明英汉字典》从头背到尾的高才生，也尽了最大的努力，建议其转到中药专业学习，父母也好言相劝。然而，张不到半年还是自动放弃了学籍，返回中学复读。据说1980年考进武汉大学生物系。研究生毕业后，从省病毒研究所去了美国留学。

临床两个月见习安排在第三学年进行，按居住地分组，我们组被安排到硚口区军工医院。

我们见习的科室包括中医科门诊、病房和中药房。在中医科主要随老师抄方，因病人不太多，压力不大；在中药房抓草药，更感轻松。那段时间我住家里，早出晚归。见习的最大收获是感性认识临床工作，学习自觉性有所增强，我开始主动阅读相关书籍，准备处方。

医科大学最后一年为临床实习，从1982年秋季起，我们便进入了这一阶段，半年在武汉市七医院和附属医院，另外半年到沙市中医院。

离实习结束还剩两个多月时，我们突然接到学校通知，所有医疗系78级同学必须参加中南五省中医学院的《伤寒论》《温病学》和《内科学》统一考试，分数直接影响毕业分配。父亲得到消息后，专门写信提醒我处理好实习和考试的关系。此时一来考试与分配挂钩刺激，二来实习中激发出的求知热望，促使我开始认真地准备。回顾高考"一鸣惊人"（高考复习本上写过这句话）带来的动力，我在复习本上写下了"五年不鸣，一鸣惊人"。

复习产生惯性，学得多，发现漏洞多，投入的精力则越多。于是把我带入一种境界，其他东西失去了价值，"唯有读书高"。记得当时连续剧《血疑》《上海滩》在电视上热播，山口百惠、周润发饰演的主人翁俘获了许多年轻人的心，但我无心恋"看"。倒不是人为控制，而是觉得与书本相比它们"贬值"了。"不满是人类进步的天梯"，此话一点不假。统考复习提高了我的学习效率，对巩固大学所学中医知识起到促进作用。

回校后，全系同学集中于从未开放的小礼堂进行复习和上大课。这座小礼堂属希腊神庙风格建筑，建成于 1870 年 12 月 25 日。它原为基督教美国圣公会在湖北兴建的礼拜堂，据说辛亥革命军歌即诞生于此。在此地读书让人感到一种从未有过的庄严和神圣。复习一天天进行，系里不断翻新的试题和仿真考试，检测着大家的复习效果和进度。因统考属竞争性质，不仅决定着我们毕业后的命运，而且也关系到学校在全国中医院校中的地位，因此医疗系 78 级便成了学校关注的中心。有关部门采取各种措施便利我们，每人一张桌子和椅子。因无空调设施，学校配备最好的排风扇，来改善空气环境。最后全系同学一起在历史悠久的小礼堂完成了包括湖北、湖南、河南、广东和广西五省中医院校的统一考试。

不知何故学校后来并未公布成绩，据说我校获得五省中第二名。根据自己准备时投入的精力和系里模拟考试情况，想必分数不会太低。但因大家都不知道成绩，也就不存在所谓"一鸣"了。不过另一件事倒是让我成了不大不小的一个"名人"，那便是毕业分配。此事当时比较敏感，因为在同学中，除原来就对中医有所认识来攻读者外，大部分学子的动力，一是来自对时间的珍惜，二是五年后的毕业分配。这毋庸讳言，也容易理解，谁不希望大学结束有个学有所用、用有所长、进一步提高专业技能的岗位呢？当时在留校和附院名额外，据说全系只有 30 个武汉指标，因此市内一些医院的好专业便成了虎视眈眈的目标。

分配时班内成绩前三名有优势，这是硬指标。其他像党员、先进、班干部、党支部和团支部干部，这些属软性指标，作用不小。对我来说，两者均不占优。但一个国内从未正面提倡，却又客观存在的"推荐"体系，对我的分配起到了重要作用。后来知道"推荐"制度在美国的发展远比国内成熟而广泛，作用也大得多。区别在于国内推荐更强调与当事者的"关系"，国外则是对当事人的"了解"；国内录用时看重候选人之"名"，国外则看重候选人之"实"。

得知我即将毕业，父母单位热心的叔叔、阿姨们凭他们对我和父母的了解，向学校院系领导做了推荐。据说在系里讨论分配名单时，有关人士一致同意把我放在武汉市里。市局一名领导则点名将我分配到后来的工作单位骨科。有个关于罗君的故事，也许值得一提：罗父在省卫生厅做部门领导，其母在市内某医院任内科主任。论卫生战线根基，他家要深得多。据说分配时，罗也希望进到我所在的骨科，但未如愿。不过后来他还是在我院中西医结合外科工作过一段时间，成为我同病区的同事。通过接触，我觉得此人不错，有了时间，一经了解，误会全都烟消云散。还有一件事，武汉医师进修学院有位同学分到市中医院，在得知我分配的单位后，专门找到我家，欲与我有条件对调，由此可见分配影响之广之深。不过我决心已定，骨科是我发展的专业所在。父母的爱心、叔叔阿姨们的关心、实习中病人的揪心使我产生的同情心、激发出对医学学习的上进心和统考的专心、结果的放心，使我在毕业分配中成为一名获得热门专业的"新星"。

五年的大学生涯结束了，分别前同学们依依不舍，在纪念册上互相赠言，集体则在校园内合影留念。近日偶然翻开那本78（3）班小册子，重温大家的面孔，心中百感交集。感谢那些为纪念册诞生做出过许多工作的同学。

　　我的赠言用了鲁迅的一句话："真正的友谊在于离别后的真诚怀念。"这是中学生沙洋搞"教育改革"时，有位民兵连长来信中送给我的（1976 年，我就读的中学曾在湖北省沙洋军垦农场学军学农两个月，当时有位民兵连长与我关系很好，因为抽了他递给我的一支香烟，使我的入团化为泡影），我一直记在心上。

一个北京知青的延安记忆

王晓辉

2013 年元月，是我们北京知青奔赴延安农村插队 44 周年的日子。78 年前，老一辈无产阶级革命家在陕甘宁革命根据地发展壮大了中国共产党和人民武装力量，带领全国人民取得了抗日战争和解放战争的伟大胜利，创建了新中国。延安，因此被誉为"革命圣地"，延安精神也被赋予了特殊含义，令后人无限景仰。20 世纪 60 年代末，我辈有幸到延安农村插队落户，亲身体验了那里厚重的历史沉淀、艰苦的生活条件和淳朴的人文环境。记得一位伟人说：忘记过去就意味着背叛。我们不能忘记过去，不能背叛，要永远铭记、学习和发扬这不朽的延安精神。

我陪姐姐报名下乡去

"一道道那个山来哟，一道道水，咱们中央红军到陕北……"这首经典的红色歌曲，我在读小学时就已耳熟能详，从而对陕北、对延安充满了憧憬和向往。1968 年，知青上山下乡运动轰轰烈烈地开展起来，北

京一批又一批知青相继去了东北生产建设兵团及山西等地农村插队落
户。那时，中央精神一般是通过两报一刊（《人民日报》《解放军报》
和《红旗》杂志）向全国传达，特别是毛主席每次发表的重要指示，
一旦传达下来，各地都会敲锣打鼓庆祝一番。1968 年 12 月 22 日晚，毛
主席又发表了最新指示："知识青年到农村去，接受贫下中农的再教育，
很有必要。要说服城里的干部和其他人，把自己初中、高中、大学毕业
的子女送到乡下去，来一个动员。各地农村的同志要欢迎他们去。"

　　第二天早上，姐姐所在学校工宣队的师傅就来到家里，动员姐姐报
名。那师傅说："那里是革命圣地，离北京也不远，以后说不定要去新
疆、西藏呢……"他讲了半天，姐姐也没表态，等他走后姐姐找到一张
地图，我俩在上边找到了延安。接着，姐姐又从有关资料上了解了延安
的地理位置及人文环境，尤其是 20 世纪 30 年代中期，经过二万五千里
长征的中央红军来到这里与陕北红军会师，建立和巩固了陕甘宁革命根
据地，随后中共中央和八路军总部在这里驻扎了 13 个春秋，领导中国

人民取得了抗日战争的伟大胜利，并从这里走向推翻国民党反动统治、解放全中国等历史往事，更引起了我和姐姐的兴致。

我和姐姐坐在一张八仙桌的两边，一边看地图，一边天南地北地聊天。可一说到报名，姐姐就默不作声，后来我说："延安是革命圣地，你要报名，我和你一起去。"听到这，姐姐跳起来，问："真的吗？你和我一起去？""真的，我和你一起去。"我认真地说。姐姐又问："你是和我一起报名吗？"我回答说："是的。我和你一起去报名下乡。"那时，学校已经复课，我是对继续上学不感兴趣，还是男孩子走南闯北的幻想，抑或是真想陪姐姐去？总之动机并不是很明确。当时，姐姐就从抽屉里找出户口簿，我俩一溜烟儿地跑到她就读的大峪中学报了名。这一天是 1968 年 12 月 24 日，我刚过完 15 岁生日不久。

我没想到，在延安农村生活、工作了整整两年后，又从那里应征入伍到新疆军区某部服役。十五六岁，本是人生中最无忧无虑的快乐时光，而延安窑洞里的记忆则成为我一生中永远抹不掉的珍贵留存，特别是"吃苦耐劳""艰苦奋斗"这些今天看似枯燥陈旧的名词，依旧活生生地镌刻在我的记忆中，它们已经成为奠定我人生观的一块基石。如今，回想在延安农村插队时的故人和往事，仿佛就发生在昨天……

刚离开北京的日子

1969 年 1 月 18 日，正是北京的隆冬时节，京西门头沟地处京城风口，凛冽的西北风不停地呼啸着，透过公共汽车玻璃窗的缝隙钻进车厢里，下乡知青和送行亲友拥挤在一起，把车厢挤得满满的。汽车开动后，我往车窗外望去，马路上零零星星的行人和被大风刮得干干净净的灰色马路一闪而过，我心里也冷冷的没有任何感觉。车终于停下来，跟着人群走进北京火车站，站台上的高音喇叭一会儿播放毛主席的指示

当年"下乡上山"宣传画之一

"知识青年到农村去,接受贫下中农的再教育,很有必要",一会儿播放当时流行的革命歌曲"大海航行靠舵手,万物生长靠太阳……"此时,站台和火车上早已哭声一片,我所在7号车厢里的一个女同学,双手拍打着车窗,一边叫着,一边放声大哭,车窗外与她面对的一个中年男子沉着脸,两行眼泪默默地往下流。当时,我却没有哭,因为我是自愿陪应届初中毕业的姐姐去下乡,有啥可哭的呢?

火车徐徐离开北京站,经过一天一夜的疾驰,到了西安火车站,站台上站满当地欢迎的人,我们从车窗向外挥了挥手,列车继续前行。再一次到站下车,我看到白色站牌上醒目地写着三个黑字——富平站。当天,我们在富平吃完晚饭后,就都挤在一个临时搭建的大席篷里休息,我竟迷迷糊糊地睡着了,还梦见父亲和大弟弟在大峪中学送我和姐姐上车时的情景,我高声叫着"爸爸,小三儿……"突然,我一下子惊醒了,爬起来一看,身边围了一圈人,都在哭,我摸了一下自己的脸,也沾满了湿湿的泪水。

吃完早饭后,天色还是黑的,我们改乘帆布蒙着的大卡车,继续向

当年"下乡上山"宣传画之二

目的地缓缓出发。也不知走了多长时间,汽车开始沿着崎岖的道路爬山,我感到又颠又冷,中途下车休息时双脚都冻木了,几乎站立不住。远远望去,天灰蒙蒙的,满眼都是覆盖着积雪起伏不断的大山。过了一会儿,我们的汽车又轰鸣着开始爬山……终于,我们到达了目的地——界头庙,这是一个公社所在地。下车后,当地老乡说着我们根本听不懂的话,开始帮我们把行李往几辆手推车上搬,每辆手推车前面还有一头黄牛拉着。装好行李后,车队又开始缓缓出发,我们要去的村子叫园子河大队石门河生产队,距离界头庙公社还有 12.5 公里的山路呢。在塬上走了很长时间,满眼都是望不到边的黄土地,陕北地理环境一般分为塬上和川底,塬上就是电影中看到的那种一望无际的黄土高原;川底,顾名思义就是黄土高原沟壑间的平地。冬季,黄土高原上很荒凉,可我们这些久居京城的孩子倒觉得很新鲜,再加上一群人说说笑笑,走了大半天也没觉得很累。天色渐渐暗下来,我们的车队也走近了崖边,驾辕拉车的老乡用肩膀往上顶着架子车把,一点一点地往山下走,渐渐望见半山腰上那一孔孔错落的窑洞里冒着缕缕青烟，并伴随着一声声的狗叫。这时，我们才听到老乡们七嘴八舌地说："到家哩，到家哩。"

我们插队落户的小山村就坐落在川底，一条冰冻小河把小山村分为两半，在河西边有一块特别大的石头，石头中间有条小路将其一分为二，远远望去像一个依山而立的大石门，故得名"石门河村"。村东和村西加起来十几户人家 107 口人，河西住的人少，就没有安排知青住地，我们的住处都在河东，女生四人住一间窑洞，另四人住一间茅草顶平房，我们八个男生统统住在一孔大窑洞里。连日来旅途劳顿，大家都觉得很疲惫，男生们进入窑洞后，见迎面大通铺上铺满谷草，就打开行李倒头便睡。一觉醒来，是被队长李兴来的吆喝声唤起的，窑洞里黑乎乎的，可走出窑洞一看，蓝蓝的天上太阳已经升得很高了。

"派饭"与"赶会"

派饭，是那时一个特定的事情。每逢公社、县上干部来检查工作，因为生产队里没有公共伙食单位，便由队长指派一家负责招待一顿或一天甚至几天，以此类推，轮流"派饭"。那时，只有贫下中农家有接待吃"派饭"的资格，出身不好的"地富反坏右"家不能安排吃"派饭"。对于从北京来的知青，队长也把我们分派到贫下中农家里吃"派饭"。当时，什么油馍、软糜子馍、硬糜子馍、红枣等，我们尽情地吃，臊子面和扁食也随便吃。

进了腊月天，村里过年的气氛一天比一天浓，我们北京学生（老乡们这样称呼我们）轮换着到每一户贫下中农家里吃"派饭"，特别是吃晚饭时我们各家串，老乡见了就从口袋里掏一把豆给你，有黄豆、黑豆、苞谷豆，还有白面做的面豆掺在一起。就这样，过年的气氛一直延续着，直到农历二月二后才算过完年。

当年"下乡上山"宣传画之三

过完年，知青伙房开伙了，为我们做饭的是从别的村子请来的一位老汉，知青有位大姐当食堂管理员。不久，有人提出让老汉为我们做饭不合适，干脆让知青自己做。那天开会，知青们七嘴八舌，吵了半天也没想出一个好办法，因为大家都没有做过饭。于是，我自告奋勇说，明天我和王京成做饭，以后轮换做，俩人一天。第二天，京成烧火，我把苞谷面和好后做成窝头放进一口锅里，在另一口锅里熬粥。一会儿，蒸窝头的锅里冒着热气，熬粥的锅里也滚滚地开了花，我俩很兴奋，因为我们会做饭了。由于烧柴火，烟熏火燎，我们也没有在意，忽然发现蒸锅的笼屉烧着了，原来锅里的水被烧干了。打开笼屉盖一看，一个个窝头变成了烤面包一样，一口咬下去，一股带着辛辣的煳味钻到嘴里，那也得咽下去，毕竟是午餐的主食啊。就这样，每人两个窝头和一碗苞谷糁粥就算是午餐了。女同学实在看不过去，她们开始俩人一组，每组一天地轮换着做饭了。

知青灶的伙食每天基本上就是苞谷馍或者小米饭，有时也能吃到白面馍，一人两个馍加一碗粥，早餐是咸菜，午餐和晚餐是萝卜、白菜、土豆炖在一起，一人一勺。每星期吃一次面条，男生最多8两，女生最多6两，很少能吃到一点肉菜。每到吃面条时，姐姐都把碗里的挑给我一些，自己则端碗走到一边去吃。没多久，我们的口粮就吃光了，公社领导说从生产队里借，借只能借苞谷，而且限量，老乡们借还不允许呢。

在这期间，除了个别活计有几个人做之外，大多数人都闲着、逛着，或是挎上一篮子鸡蛋，或是挑上一担柴去赶会（那里管赶集叫赶会），换回点灯的煤油或是食盐什么的日用必需品。我们到黄龙县城赶集要走20公里，到界头庙公社也要走12.5公里，最近的集市是洛川县的石头集，只有7.5公里。老乡们赶会是为了换些日用品，我们赶集就是为了玩儿，当然还可以到饭馆吃一顿。赶集时，我们会带上从老乡家抱养的小狗狗，不用绳子拴它，它一边走，一边往路边尿尿，后来才知道它那是记路呢。有一次到石头镇赶集，在熙熙攘攘的人群中把小狗狗丢了，我们几个人分头找也没找到，回去时心里空荡荡的。谁想，等我们回到村里时，发现小狗狗卧在知青窑洞门前。它见到主人，似乎有意显示自己的能耐，卧在那里一动不动，两只眼睛滴溜溜地转动，好像在说：没有你们引路，我自己也能回家。

春耕开始了，歇了一冬的小山村一下子忙活起来，我们北京知青也忙了起来——中国共产党第九次代表大会刚刚闭幕，县上和公社把我们组织起来，派到各个村子宣讲"九大精神"。我被分派到一个更偏僻、更小的小山村，白天和老乡一起下地干活，休息时才把分下来的材料给大伙儿念一念，然后再干一会儿活，一天工作就这样结束了。

吃饭时，队长把我领到一位老大爷家吃"派饭"。这位大爷下工回

1969 年底，姐姐晓平（右一）在黄龙县档案馆帮助工作时与知青同学合影

来，做了一锅糊糊面，那是那时当地农村一种比较顺口的饭了——先在锅里熬上苞谷糁，然后擀上点白面片下到苞谷糊里，再放些头年腌下的酸咸菜，吃的时候再放点盐和辣子面。

老大爷的窑洞里就他一个人住，队长让我住在他家。我俩一边吃糊糊面，一边聊，聊困了就睡，第二天接着聊，因此知道这位大爷奇特的身世和他的为人。

据说，他曾在陕北红军某部当兵，一次和班长执行任务时被俘，班长被敌兵枪决了，因他是新兵，加上又小又矮，便被留下来给伙夫打杂。后来，他找机会逃出敌营，在落脚的小山村与一个农家女结婚后，就没有再去找红军的队伍。他清楚地记得曾见过的红军领导人，也清楚地记得红军的几首歌曲，说到动情时还泪眼汪汪地唱起"红色军人个个要牢记……"一个久居偏僻山村的老汉是不可能编造出这样一番经历及身世的。后来，我专门找到公社甚至县里有关部门查询，他们似乎都知道这个情况，只是因为没有证据能证明他的身份，所以他请求恢复自己红军战士身份的事情，就一直没有被认可。

老大爷的老伴病故后，独生女儿与他相依为命。女儿到了谈婚论嫁年龄时，与村里一个男青年恋爱了。老大爷闻知青年是富农的儿子，坚决反对女儿与那男青年恋爱，可女儿与那青年一往情深，便把恋情转入地下，继续相爱。一天，村里来了一位干部到他家吃"派饭"，按照老大爷的性情，家里有啥吃啥，不必讲究什么。可到了做饭时，见女儿在和白面，打算做白面油馍，老大爷便问哪里来的白面，女儿想趁机向父亲透露自己的秘密，便说是从恋人家拿来的。没想到，老人顿时火冒三丈，把面与面盆抢过来摔个粉碎，并斩钉截铁地表示：穷死也不吃富农家的白面。他赶走了女儿，从此断绝父女关系……我无法猜想，如此强烈的阶级意识背后，彼此间到底有什么深仇大恨呢？

伐木往事

从宣讲队回到村里，生产队派了几个有经验的壮劳力为我们打窑洞，要建知青自己的窑洞。

在全村最高处的山旁，由上往下削出一个有点坡度的平面，并一直削到地面，使眼前呈现出一个平面的山体。然后，在这个平面上刨出九个洞，每个洞进深六七米，再从洞的上方中间旋出一个线，分别往线的两边削土……一个拱形的洞挖好后，洞口用土坯垒砌起来，装上杨木做的简易门窗，一孔崭新的窑洞就建好了。我们16个知青两三人住一孔窑洞，我和焦宝贵、宋全忠、王京成住在一起，每人一个木板床，晚上西北风呼呼地叫着，偶尔夹杂着狼叫，好在我有一只小狗抱在被窝里做伴，晚上睡觉时不但暖和，也不再害怕。

1969年底，作者（后排左一）与下乡所在村"贫协"组长之子（前排二人）及知青焦宝贵合影

在打窑洞前，县里给我们知青分配了建造窑洞用的木材，只是需要生产队派人到山里去砍伐。有一天，队长安排几位壮劳力和几个男知青去山里伐木。一头老黄牛拉着一辆架子车，上边装着行李、粮食和一口锅，走了上百里路到黄龙山边上一个林业管理单位，办了砍伐手续后便进了山间小路。天黑时分，我们终于来到小路旁几间茅草房前，老乡说那是林业工人进山干活时的住所，眼下借给我们住了。

第二天早饭后，一行人扛上大锯、斧头上山了。山林间，脚下踩着一层层枯树枝和树叶，深一脚浅一脚地来到一座山坡前，带队老乡为我们讲解了伐木的要领。然后，我们顺着山坡走向下坡的地方，两人分作两边握住大锯，先锯出大树直径三分之一长的口子，然后用斧头在30度角上砍出一个缺口，再把大锯从缺口相反方向锯进去。当两边锯口要接上时，一定要加快拉锯频率（行话叫"合锯"），否则树就有可能从树根处一直劈到树梢，那样这棵树就作废了。再者，两人要在合锯的一瞬间快速躲开，防止树冠倒下时树根往上蹦起，那力量很大，躲闪不及会伤人的。

老乡教是这样说的，可我们真正操作起来就不那么容易了。站到两三个人才能搂住的大树前，望着天上缕缕阳光从树枝间隙照射下来，而脚下的地不见土，也不平坦，心里不觉有点胆怯。再一开锯，那大树是活的，很湿，夹住大锯发涩，好像不让我们锯它似的。我和王京成一组拉大锯，好不容易锯出三分之一的锯口，再抡起斧头砍30度缺口，然后从后边开锯，结果在合锯时动作慢了，只听一阵撕裂的声音，那棵橡树从根部锯口处一直劈到了树冠。几位老乡急忙走过来，看没有伤到我们，也就没有说什么，让我俩截树去了。截树，就是把锯倒的大树杈先砍掉，再按照需要的长度拉大锯锯开，最后集中往山下滚下去。锯树、砍树不容易，往山下滚圆木却很壮观，先喊一阵"放木哩！放木哩"，然后拿一根扁担样的树杠，撬那圆木，让它往山下滚。

伐木时，每天两顿饭，可没几天我们带来的萝卜、土豆就都吃完了，只好到小溪边的干树杈上去采木耳。那木耳被露水打湿时会发得很大，没露水时干得很小，非常多。有时候，我们还能打到野味，曾不止一次打到过野兔子和蛇，拿回来炖着吃。

在山里伐木的十多天里，我们没见过当地的一个老乡，只在返回村子的小路上，遇到三四个手拿电锯的林业工人。我们很羡慕他们手里的电锯，也觉得他们很亲切，彼此打招呼，停下来就一块儿卷叶子烟吸。就是这样，在人烟稀少的地方见到人感觉很亲。

给我评的是妇女工分

一天晚上，李队长把大家招呼到一个大窑洞里开会，宣布大家的工分标准，给我评的是8分，其他男同学都是12分。我问队长为什么，他笑了笑说："你还是个小娃哩，给你评个妇女标兵分就不低了。"我明明是个男人，心里不服气：凭什么对我另眼看待？

知青和陕西群众在一起

散会后，我找李队长分辩，他说："男人要会出圈、犁地、拉架子车，你能行？"我不肯认输，心想一定要把这些都学会了。

出圈就是一个人用镢头把牲口圈里的粪挖出来，另一个人往手推车里装，再运到空场上堆放起来。两个人出一个圈算一天工时。犁地就不那么简单了。记得第一天犁地时，那头老黄牛总也不听话，就是不走犁沟，把地划得乱七八糟。我使劲地拽撇绳，它才慢慢地老实下来。一天下来，我左手的4个手指内侧已是鲜血淋淋。饲养员却不干了，埋怨我把老黄牛打得太狠了。日复一日，通人性的老黄牛才渐渐听话了。

架子车是一个木制手推车，车辕两旁分别牵出一条牛皮绳子，套在一头牛脖子上，人架辕，牛拉车。村里的路都是黄土路，遇到下雪天或者下雨天，又滑又湿，路两旁一边是山，另一边是深沟，稍有不慎就有可能翻车，甚至酿成大祸。我凭着一股子不服输的劲儿，细心观察，大胆实践锻炼，很快就学会了拉架子车。

架子车的车辕最容易损坏，有一天，村里来了一老一小两位木匠来修，吃派饭，拿工钱。我见了，就找李队长要求修车，并且声明，只给我计成年男标兵分就行。李队长没有同意。为了证明我的技术是过关的，我花5块钱买了几块木板，没用几天就做好了一个木箱子，老木匠看了都赞不绝口。他哪知道，在学校停课的日子里，我专门向一位木匠师傅学过呢。李队长这才放心，从此，生产队的独轮车、架子车坏了都交给我修理，再也没有请木匠来。并且，队里也终于给我按成年男标兵计分了。此后，活更多更累了，我心里反而很得意，觉得自己是个真正的男子汉了。

再穷也得"割资本主义的尾巴"

那时，农村里经常搞的运动叫"割资本主义尾巴"，把乡亲们召集到一起，上边来的干部讲讲形势，再由几个老乡发言，每次有一两个"典型人物"在一边接受批判，老曹便是其中之一。他曾见村里工分值太低，便提出把山上野生的条子打下来编成筐或排子卖到矿上；他还曾把遗漏路边的几个麦穗拾起来，用手搓出麦粒装进兜里，诸如此类的事儿在当时便都成了"问题"，每次都要被批一通。

当时，我们石门河村村边的河水除了牲口饮水外根本没有好好利用过，都白白地流走了。村子四周的果树有很多，但没人管理。把果子摘了吃没事儿，但若拿到集市去卖，则是万万不行的。我们知青不止一次地建议，把村前的河水利用起来，把果树管理起来，搞些副业赚些钱，但是在当时的大环境下，谁敢牵这个头哇！

后来，村里闹粮荒，我"有幸"参加了外出借粮的队伍。走到河边，大家脱掉鞋，卷起裤腿，蹚河过去。河水冰凉，好像要刺进骨头里似的，走过河，两条腿都麻木了。走到天色漆黑，打头车辕上就挂起马灯。就这样整整走了十多个钟头，才到达了目的地。主人招待我们吃苞谷糊糊，稠稠的，我一连吃了两大碗，然后便和衣躺在屋角的麦秸上睡着了。第二天一早，我们装了满满四车的苞谷，回到村里天已经漆黑了，村口站了一些人迎接借粮队伍归来。连续奔波了两天的大黄牛在场院里不停地摇头摆尾，似乎在责怪人们：穷得连苞谷都没的吃了，还割资本主义的尾巴？

村里的知青只剩下我一个人

不久，姐姐当选为"知青活学活用毛主席著作积极分子"，去县里开会交流经验，而后被抽调到县里档案馆整理档案。每隔一段时间，姐姐都要跑40里路回村里看我，给我带回一大包机关食堂做的白馍和一块熟肉，再给我洗洗衣服。临近春节，知青们都陆续回北京探亲去了，姐姐也专门赶回村子里给我收拾行李。我问她什么时候回家，她说领导没有批假。停了一会儿，姐姐说："你先回家吧。"我说："出来时是两个人，回去时是一个人，还要花路费，那我也不回家了。"姐姐一下子就哭了。

姐姐被调走后，知青组长焦宝贵也被调到了县里，其他同学都陆续探亲去了，只剩下我一个人。白天有时去干活，没活可干的时候，我就扛着李队长的土枪去后山打猎。那枪就是用一根铁管和一个木枪托制成的，用的时候先往枪管里灌进黑色火药，然后再装进一小把砸碎的铁块儿，一扣扳机，底火引着火药，就把铁块儿打出去了。第一次放枪，后坐力很大，差点让我栽一跟头，还什么也没有打着。后来，李队长教我，要把枪托放到肩膀上，先喊几声，让扎在草丛里的野鸡惊飞起来，然后一放枪，就能把它打下来。运气好的时候，一次能打到两三只呢。每到这时，就能好好地吃上一两顿。

刚下乡的时候，姐姐要求我写日记，写一会儿鼻子里就被煤油灯烟熏得黑黑的。时间长了，一天到晚累得要命，再加上饿，也就顾不上写了。晚上一点煤油灯，那小火苗儿被门缝进来的风一吹，照得我的影子在黑黢黢的墙上乱晃，怕得很，索性就不点灯了。窑洞外西北风呼呼地叫着，有时还掺杂着狼叫，也挺吓人的。我的床头放着斧头、匕首、棍子和镬头，万一有情况，可以抵挡。最重要的是，一条大黄狗寸步不离地跟着我。要睡觉了，它也跳到床上，和我一个被窝，真的很壮胆，也很暖和。

参加延安基本建设

1970 年春夏相交的一天，李队长通知我到延安振华造纸厂参加"基本建设"。报到那一天，村里专门派了一个架子车拉着行李送我，然后我们所有民工都坐上大卡车，过了延安城到姚店子住下。

那里距延安城 50 里左右，有三个在建的工程，一个是延安电厂，公路对面就是振华造纸厂，往西走不远是化肥厂。我们住的工棚的墙是青砖垒起来的，屋顶是油毡，里边左右为两个大通铺，中间是过道。在这儿每月工资有 40 多块钱，20 块钱交给生产队，队里给计标兵分，13 块钱交伙食费，余下的几块钱零花。最重要的是天天能吃饱，尽管白面、肉菜少，整天吃苞谷面馍或者是苞谷面饸饹。苞谷面饸饹就是将苞谷面里加上些什么东西和好面，再用机器压出来特细的面条。做的时候先上锅蒸熟，然后再下到开水锅里煮，捞出来浇上土豆丁、萝卜丁做的臊子，再加点辣子面（那时缺油，把辣子面放到锅里干爆，然后用一点水调一下），每顿几大碗，随便吃，感觉比在村子里幸福多了。虽然半个月才能吃上一顿肉，并且仅仅是一个大碗里下边是萝卜块，上边顶着十几块白水煮猪肉，我们吃起来却也特别香。

1970 年夏，笔者于延安大桥旁

　　开始，我们的工作是依着山体旁开出一片空地来盖厂房用，后来就是开凿山上的石头，打眼放炮。掌钎是技术活，我们干不了；抡大锤是力气活，一般由年轻人干，可是没有人愿意给我掌钎，老乡说得好：你一锤打偏了，掌钎人的手就断了。下工后我就拎个大锤，找一个树墩，往上面画个圈，抡起大锤打那个圈。一个老乡走过来指点我说："你先打小锤，有把握了，再打大锤。"打小锤就是弯曲小臂，把锤举到耳朵旁，再砸下去，比较好掌握。我练了几天小锤，有准头了，再把铁锤抡往胯下甩，然后举至肩头向下砸打。练了几天，我觉得有把握了，就寻找愿意给我掌钎的人。终于有位老乡同意了，我很振奋。打完了一个个炮眼儿，就有人往里填炸药。然后四周放出人叫喊："放炮哩！放炮哩！"最后由专人点火，一声声闷响过后，就炸出来一堆堆石料。可用的石料运到石料场，碎石块就被运走了。那时我最喜欢看的景象就是放炮那一刻，远远地趴在地上，似乎在战壕里等待冲锋。一天大锤抡下来，浑身软软的，晚上睡觉时，感觉俩胳臂火烧火燎地疼。第二天早上睡不醒，怎么也睁不开眼睛。就这样过了最初的个把月，就能够干各工种的力气活了。虽然我只有 16 岁多，身子却结实了许多，双臂和胸腹上的肌肉明显地凸了出来。那时，我学会了吸烟、喝酒，每月剩余的几块钱买一毛多钱一盒的烟，喝几分钱一两的烈性白酒，美滋滋的，特享受。

星期天逛延安城

劳动之余，我也会到周边转转。延安的宝塔山是最具标志性的建筑，我沿着一条古道爬到山上，围着古塔转着看。顺着延河东岸往前走，王家坪、杨家岭、枣园……一个个熟悉的地名，承载着厚重的历史：八路军总部、中共中央第七次代表大会会场，还有毛主席演讲《为人民服务——纪念张思德》的地方。在延河大桥旁，有一个小照相亭。交完钱，摄像师用"海鸥"牌双镜头照相机照完，让我过几天再去取。那相片方方正正的，有两个火柴盒大小。

走过延河大桥，北关的一条街上是商店，南关主要是食堂，还有卖熟食的小贩，一个抽屉大的玻璃箱里的鸡翅 2 毛钱一个，鸡腿 4 毛钱一个，我看了看却没舍得买。我想起姐姐没有雨鞋，于是留心攒了十几块钱，专门跑到延安城商店里买了邮去。从延河大桥返回去就是东关，那里有长途汽车站，远方是机场。我猜想，当年毛主席、周副主席飞赴重庆时，乘坐的飞机就是从那里呼啸着飞上了蓝天。

那时有一首歌这样唱道："远飞的大雁啊，请你快快飞，捎个信儿到北京，翻身的农奴想念恩人毛主席……"我站在高高的山岗上，放开喉咙连喊带唱，居然泪流满面。我曾经给弟弟写过一封信，告诉他：你们生活在北京有多么幸福，一定要珍惜大好时光，好好学习，天天向上。其实我的话外之意是，在远离北京的地方，生活条件是多么艰苦。

到石门河村插队的北京干部

为了支援延安革命老区的建设，同时也为了加强对知青的管理，北京市先是派出慰问团，到每一个知青点慰问、赠送生产物资，又专门抽调了一批干部与知青同吃、同住、同劳动。村里便来了这样一位北京干部，人们都叫他老刘。一天开全体知青会，老刘自我介绍说，他叫刘云齐，是北京一家制鞋厂的党委书记。老刘住的地方就是我们知青的一孔窑洞。会议结束时，老刘宣布说："晓辉最小，跟我住一个窑洞吧。"于是我就和老刘住一起了。

老刘来得真不是时候，这一年村里的粮食减产了。本来这里就是靠天吃饭，一年收两季粮食。夏季收麦子时，想吃苞谷糁粥都不容易，到秋季收苞谷时，想吃顿白面也同样难得很。这一年，麦子长到抽穗要灌浆时，闹虫灾，只能眼睁睁地看着麦子长得稀稀拉拉的。苞谷长到两尺高的时候，接连下大雨、下冰雹，把苞谷都打倒了，只好再补种。我们村500多亩地，一半川地，另一半塬上坡地，两季粮食减产，到年底分配时汇总，每人每年分到带皮的粮食不足500斤。知青灶没有人会计划，过着过着就断顿了。老刘跟上边商量，给知青灶借粮——生产队先借，不够时大队借、公社借。当然只借苞谷和小米，粮库里的麦子是来年的种子，不能借。

当时缺粮缺到什么程度，有一件事也能说明点问题。知青灶磨粮食积累下许多麦麸、苞谷皮，于是大家决定买头猪养。可是，因为麦麸、苞谷皮渐渐喂完了，眼看着猪一天天瘦下去了，我们不得不杀了它。那时，猪是统购统销的物资，谁要私自杀猪卖肉，是犯法的。为这事儿，老刘专门跑到公社去请示，上边批准了，才把那猪杀了，卖给村里的老

1969 年，被评为延安县活学活用毛主席著作积极分子的北京知识青年，欢聚在宝塔山下

乡一部分，知青灶自己留了一部分吃。

一天晚上吃完饭，老刘说，食堂的柴火没有了，明天早上都到后沟打柴去。大家就都准备好镬头和绳子，食堂还给分了干粮。第二天早上下雨了，我们就翻了个身，继续睡大觉。直到做饭的同学挨门喊："开饭啦，开饭啦！"我们才到食堂喝着热粥吃前一天发的干粮。大家嘻嘻哈哈地说笑着，不知谁说了一句："哎，老刘呢？"我起床的时候老刘已经不在窑洞里了，仔细一看果然吃饭的人中没有他的影子。过了好长时间才看见老刘肩上背着一小捆柴回来，他身上蓝色的中山装被雨水打湿了，花白的头发上直往下滴水。几个男同学急忙上前接过他肩上的柴，几个女同学掏出手绢，围上前给他擦脸上的雨水，有的人还哭了。吃过饭外边的雨也停了，同学们自发地砍柴去了。艰苦的日子里，有这样一位来自家乡的长者和我们一群半大的孩子朝夕相处，日子长了大家心里慢慢地滋生出一种情感，似乎他就是我们的家长。

还别说，老刘来石门河村插队以后，知青们比以前更团结，组织性、纪律性也比以前强多了。16 个知青不仅没有一个因为违法乱纪出事的，还选出了两三个学习毛主席著作的积极分子呢。

老刘是啥时候离开石门河回到北京的，我不知道。入伍后，妈妈在信里说，老刘回北京探亲，下了火车都没有回家，就径直到我家里，给我父母报喜说："晓辉表现挺好的，经过挑选，到部队服兵役去了。"

多年之后我才知道，1970 年 3 月，在周总理的关怀下，国务院召开了"延安地区插队知识青年工作座谈会"，随后发了《会议纪要》，并派去了 12501 名北京干部到知青点插队，协助当地做好知青的安置管理工作。他在中南海西花厅接见参加座谈会的全体代表时说："从 1935 年到现在 35 年了，全世界都知道延安，可是现在的延安呢？我一听插队青年谈起延安的情况，心里就非常难过。"周总理回顾了党中央和毛主席在延安的历史后，又说："全国解放 20 年啦，北京这样好，延安那样穷，怎么行呢？怎么对得起延安人民？……陕北是个好地方，计划一定要实现，要把延安搞得繁荣昌盛。"

黑脸娃娃应征入伍了

冬季的一天，姐姐回村里来了，说六〇七军工厂来县里招工。姐姐和老刘商量过，给我报了名，让我去体检。从县医院回村的路上，我看到有一队解放军战士在塬上行军，一片皑皑白雪间那草绿色的军装格外醒目，队伍前面的红旗和战士们头上的帽徽一闪一闪地放光，撩得我心里一阵阵地发热：我什么时候也能成为一名解放军战士呢？

没想到，我的梦想很快就实现了。一天，老刘告诉我说，征兵工作开始了，我当即报了名。几天后，我去参加体检，姐姐竟然也去了。她担心我去西北边疆那么远的地方不适应，还与父亲通了电话征询他的意见。父亲说，看晓辉自己。我毫不犹豫地跟姐姐说："我去当兵！"于是，姐姐就把我带到了登记处。

登了记，我便去体检。界头庙公社的一排办公室窑洞成了临时体检的地方，每个窑洞门前挂一个纸条，上边注明检查的项目。负责体检的是北京医疗队的医生们，我看着他们，就像见到久别的亲人一样。不料，查完心电图，医生没有让我继续往下查，而是把体检表收了起来。我问他："为什么收我的体检表？"他好像没听见似的说："下一位。"我急忙去找姐姐。她一边叮嘱我别急，一边去找北京干部老陆。我在窑外听老陆说："石门河村是克山病区，那孩子刚满17岁，营养不良，生活环境变了，'心率窦性过缓'会改善的。"一会儿，姐姐又带我取回了体检表，接着检查。体检结束了，姐姐还带我见了来接新兵的排长高敏志。末了，高排长与我握握手说："回去等通知吧。"我忐忑不安地回到石门河村，度日如年。一天我下工回来，就看到姐姐回来了，她一边拿头巾拍打着我身上的土，一边叨唠："瞧你，跟土猴似的。"接着，她从书包里拿出一张纸递给我，我心里突突地跳，打开一看，是入伍通知书！我高兴得一下子蹦了起来。

从公社领回的军装，是典型的高寒地区部队装备：翻毛皮鞋、羊皮大衣、羊皮帽子、厚厚的棉衣棉裤，还有一身斜纹布国防绿罩衣。穿戴整齐后的几天里，我分别到各家告别。木工家具全部给了老曹，小唢呐和口琴给了全忠，王大爷的叮嘱似乎代表了全村老乡们的话："到部队好好干，给咱石门河争光！"

离开黄龙县城那天，街道两旁站满欢送新兵的人群，锣鼓声、口号声此起彼伏，我们要上大卡车了，姐姐对我千叮咛万嘱咐，我一口一个"是、是"地答应着。大卡车的引擎轰鸣起来，车队缓缓地启动了。我透过蒙胧的泪眼，心里说：放心吧，姐姐，我一定会长成一个真正的男子汉！放心吧，陕北的老乡们，我一定会在保卫祖国边陲的岗位上，站好岗、放好哨。如果有敌人敢来侵犯，我会用自己的鲜血和生命捍卫国家安全！

入伍后，我听说有一个新兵给退回陕北农村了，但一直不知道是怎么回事。几十年之后，当我为全国政协文史资料音像库录制口述历史资料，采访周总理的侄女周秉德委员时才得知，当年，她的弟弟周秉和到延安农村插队，后来也应征入伍了。他把穿着军装、戴着大皮帽子的照片邮回中南海西花厅，周总理看了以后说这孩子在农村锻炼的时间不长，应该把入伍的名额让给农民子弟，让他回农村去。就这样，周秉和只好脱掉心爱的军装，又回到了陕北农村继续插队锻炼。原来，那个新兵就是周秉和。

2009 年 1 月，北京举办了延安知青上山下乡 40 周年纪念活动。当年的姑娘和小伙儿都已经两鬓染霜。我的战友王晓建代表延安知青讲话，他那声情并茂、发自肺腑的字字句句，使得人们热泪盈眶，仿佛又回到了那青春岁月……诚然，我们不能与三八式老延安们所经历的浴血奋战经历相比，但是我们亲身经历过革命圣地艰苦生活的锻炼和洗礼，老一辈所创立的延安精神已经融入我们的血液之中，成了我们毕生的追求。

我的"工农兵学员"经历

卞晋平 口述　高芳 整理

赶上"末班车"

新中国成立后，我们国家的教育经历了一段时期的探索，到 20 世纪 60 年代走上了正规化、系统化道路。我接受小学教育的阶段正值国家教育发展的黄金时期，那个时候我们的学习有章有法，教材统一，教学规范，非常有序。加上国家刚刚提出"向科学技术进军"时间不长，老师常常教导我们不光要学习好，还要有理想，要当工程师，当科学家，为国家多做贡献，所以大家学习劲头非常足。

我上的小学是山西省运城县铁路职工子弟小学校，毕业时报考了运城地区最好的中学——运城中学，后来改为运城一中。小学时两个班的毕业生 100 来人，连我在内总共考上 5 个，约合 20 人里面考上 1 个，考取之难不亚于如今的高考。我们 5 个都是班里学习比较优秀的。我小时候语文特别是作文比较好，写的谈理想的文章曾被选入全县的范文。

山西大学的工农兵学员，右为笔者

1966 年，正当我小学毕业即将进入中学时，"文化大革命"开始了。那时候的课程，数学教学还算正常，像语文、历史、物理、化学就变样了。语文主要学毛主席著作和毛主席诗词；历史课不开了，读报、批判所谓历史问题；物理课和化学课变成《工农业生产常识》；英语课的主要内容是学习英文版的《东方红》和毛主席语录；体育课主要是教我们做毛主席语录操，第一课是"舍得一身剐，敢把皇帝拉下马"。总之，初中三年，就这么稀里糊涂、懵懵懂懂过去了。到毕业时，我们每人领到一本毕业证，但没有任何成绩和操行评定，只是证明这一段时间在这个学校上学。

1968 年冬，运城迎来了第一批北京插队知识青年。他们挥舞红旗高呼革命口号，洋溢着满腔青春热血的激情，深深地感染着我们几位旁观的中学生，羡慕且跃跃欲试。但外地落实毛主席指示比北京慢一拍，我毕业后没有赶上插队而是赶上了招工，到运城县印刷厂当了一名排字工人。不久，原晋南地区一分为二划分为临汾、运城两个地区。运城地委成立机要室，我被抽调到机要室排印机要文件。后来，地区革委会组建运城地区报社，从所属各县抽调有关人员，我又调入运城地区报社，身份依然是排字工人，但同时担任了报社的团支部书记，以后又当选为地区直属机关团委委员，负责联系地区电影公司、报社和广播器材厂的青年团工作。那时候有句顺口溜："当干部怕下放，当战士怕打仗，还是工人大方向。"所以，我们的工作在当时被认为还是不错的。

后来在工作期间经历了一些事情，对我的刺激较大。

一件是报社派我去参加地区举办的普及华罗庚同志倡导的优选法和统筹法学习班，要搞"双法双配套，双革双飞跃"。其中，所谓"双革"，是指技术革命和技术革新。在学习中我感到非常辛苦和吃力，特别是对于涉及验算公式等数学方面的问题，第一次感到了知识匮乏的压力。

另一件是对当时不断搞运动的不适应。那时，除了上班干活儿，最大最多的事情是搞大批判，一会儿反右，一会儿反极左，一会儿又反什么中庸孔夫子；刚批完教条主义，又批经验主义，接着又批唯生产力论，同时又批孔孟之道。对我们这些不到 20 岁又读书不多的青年人来说，不仅对为什么批不知其然，对批的内容也全不理解。有一次学习报纸上刊登的批唯生产力论的文章时，有人提问唯生产力论属于什么思想体系，有人说唯心主义，有人说形而上学，有人说物质决定论；进而谈到什么是唯心主义，什么是形而上学，什么是物质决定论，又是各有各的解释。这些云里雾里的理论词汇，把我们搞得晕头转向，只能恭听旁观而无发言权。这也让我感到了缺少知识的自卑。

还有一件是 1975 年邓小平同志复出，大刀阔斧实行整顿。一时间，国家好像出现了希望：国家要搞现代化建设了，科学技术好像又受到重视了，久违的火车正点运行也回来了，民心曾经为之一振。但好景不长，邓小平很快又被批判了。批他搞右倾翻案风，批他搞三株大毒草，批他否定"文化大革命"成果，还批他"以三项指示为纲"是以目混纲、以目乱纲、以目代纲。那时，事情变化很快，昨日座上宾今日阶下囚这一类事早已司空见惯，我们只有从报纸上的领导人排名上猜测，谁还在而谁又被打倒了。

我们作为年轻人，对这一切都不理解。什么是是非标准呢？总想从基本道理上弄明白却总也弄不明白。我把这都归结于自己知识不够。"文革"中毛主席曾发出一个著名的"七二一"指示。"七二一"指示有四层意思：一是大学还是要办的，主要是理工科大学还要办，这就为后来各大学恢复教学招生工作提供了"最高指示"；第二是学制要缩短，教育要革命，这是"文革"中各大学都纷纷缩短学制的原因；第三是要从工人、农民、解放军中选拔学员，这是"工农兵学员"称谓的由来；第四是要从实践中来再回到实践中去，这是"工农兵学员"毕业分配制度"哪来哪去"的政策依据。

那时，上大学对许多人而言并没有太大的吸引力。因为即便上了大学还得回原来单位，不改变身份，不增加工资。特别在当时知识分子被称为"臭老九"，甚至有人说"知识越多越反动"的社会背景下，上学对于已经就业的人来讲并没有太大吸引力。直到 1975 年周恩来在四届

在运城地区报社时收听粉碎"四人帮"消息

人大报告中提出实现"四个现代化"任务，邓小平对科技、教育、经济、文化、国防等各方面进行整顿的时候，才把人们心中沉积已久的对知识的渴望重新搅动起来。那时候，我开始懵懂着想要上学。

招收工农兵学员，起初是要统一考试的，而且第一届、第二届都考得很严。后来出了个张铁生事件，出了个黄帅事件，中央就下通知，不能走旧的"资产阶级统治学校时"的道路，取消考试，实行新的招生办法。

毛主席有一句话，叫作"人贵有自知之明"。别人是不是联系自身实际我不清楚，但我深知自己底子差、学的知识少，于是开始零零碎碎地力求多学习一点儿东西。那个时候，每个单位几乎都有人在偷着学习，不敢公开，怕被人说成走"白专"道路，动机不纯。我也找些书来偷偷看，主要是看些文学类的书，还有其他一些能够找到的书。为了练笔，在运城报社一些老编辑的鼓励下，我开始写一些豆腐块文章给报纸投稿。十分有幸，那一年当地报纸采用了我写的十余篇小文章，算命中

山西大学排球队获奖留念，三排左四为笔者

率很高了。于是，机关里就有人说，这个小卞，是个上大学的料！有的下放干部也私下里跟我说，你要好好念书，一定要争取上大学。

当时上大学遵循"自愿报名，群众推荐，领导批准，学校复审"的招生办法。首先得有名额。我们报社属于地区宣传部系统，这个系统除报社外还有广播器材厂、电影公司、文化局、广播局等若干家单位，而分配的上学名额只有两个。我估计自己是上不去的，可当时报社不少编辑、干部还有印刷厂的工人甚至炊事员都很支持我。那个时候报名和推荐都是公开的平等的，无论是总编、党委书记还是炊事员，都是一人一票。最后统计，在报名上学的人当中，我得票最多。

近些年来，我看到一些文艺作品，把工农兵学员上学写成就是靠走后门或违法——男的要行贿，女的要献身，我想这些作者可能并不了解这一段历史。我参加工作40多年，从不受贿、不贪污、不走后门这些方面来说，当时各级干部做的是好的。因为那个时候有群众的直接监督，有大字报一类的"大民主"，一旦发现这种事儿是要受到批判或斗争的，至少从当时我们报社的实际情况看，推荐工农兵学员的过程是公平和公正的。那一年我们报社有七八个人报名上大学，其中有领导干部子女，也有普通老百姓的孩子。我是普通老百姓的孩子，属于既无钱又无权还缺少有地位的社会关系的平民之列，但由于票数集中，最终还是把我推荐上去了。此外，在我之前我们报社还出过两个工农兵学员，分别是来自天津和北京的插队知青，他们在当地没有根，没有任何后门，完全是通过考试被录取的。所以，如果说当时党风不正主要在于路线方针错了，在于一切事情都以阶级斗争为纲，对人不尊重，对人权不尊重，对知识不尊重，而不在于党员干部的不廉政。那个时候，为谋取私利搞不正之风的人为数甚少，而且一旦发现会人人喊打。

就这样，我被录取为最后一期工农兵学员，之所以称为最后一期，是因为当年 10 月粉碎了"四人帮"。我们这一批学员既然已经招了，就按照过去办法不变允许我们上学，但此后这种从工农兵中推荐上大学的教育制度就与产生它的特殊时代背景一样彻底终结了。我不经意间赶上了这趟末班车，还是值得庆幸的。

大学生活的时代烙印

1976 年秋，我上了山西大学，被分配到政治系。

山西大学是山西省的最高学府，其前身为山西大学堂，1902 年用"庚子赔款"所建。它作为全国最早建立的几所大学之一，有着良好的教育传统。我到山西大学上学时，该校的中文、历史、光电子、政治等学科在全国都有一定名气。当我离开山西大学时，该校十几个专业已经跻身于我们国家最早一批硕士授予点之列，现在当然更是不可同日而语了。

我们当时学的课程，主课以基本理论和历史课为主。基本理论课有三门：一门是哲学，包括辩证唯物主义和历史唯物主义两部分，用的是中共中央党校出版的艾思奇的版本；一门是政治经济学，分资本主义和社会主义两部分，用的是苏星和于光远的版本；还有一门是科学社会主义，用的是我们学校编写的《科学社会主义》教材。历史课有三门：中共党史、国际共产主义运动史、中国近现代史。主课之外还有选修课，如联共（布）党史、形式逻辑、哲学史等，还有其他一些选修课。对于多数学员来说，这些课程本身负担并不重，重的是两点：一是读原著。包括《马克思恩格斯选集》和《全集》中的许多文章、《列宁选集》、斯大林关于经济学和民族学方面的文章、《毛泽东选集》等。其中，仅一部《资本论》就足以让许多同学发怵了；二是缺少教材，比如中共党史这门课由于内容多变，就只能用学校发的油印简本，大多数内容得靠手记。所以，上课拼命记录，下课捉对儿对笔记，是当时最常见的一道风景。

那时候的教学跟现今不一样。现在讲究科学设置课程，讲究站在学科前沿，知识更新也很快。那个时候是讲政治挂帅、讲阶级斗争，许多课程的内容走形变味了。我们所学的《政治经济学》社会主义部分课程，主要也是学习斯大林关于第一部类、第二部类以及社会主义生产必须遵循"重轻农"次序优先发展重工业的思想。现在看来，这些都是"左"的思想占据主导地位的时代产物。

就我们当时的学习状况而言，毫无疑问学生在认真学，老师在认真教。我们白天上课，晚上自习，有一股要把失去的时间夺回来的劲头。可以说，在学习精神方面，与现在的大学一样刻苦，没有什么区别。但是，在课程设置和对学生的导向上，那时与现在是不一样的。我们上大学时已

笔者在大寨搞毕业实践时照

经恢复了对学生进行考试考核制度，每学完一门课都要进行比较严格的考试。但我们总有一种感觉，就是理论上"左"的东西很多，而且对学生的评价不完全以学习为标准。这可能就是那个时代的特点。

由于毛主席号召"学制要缩短"，我们山西大学政治系这最后一期的学制只有两年。到了 1978 年，在我们即将毕业之前，学校安排我们结合对《政治经济学》课程的学习，就我们国家的分配制度进行调研，也叫毕业实践。当时，全国农业学大寨，大寨在山西，而大寨采取的与其他地方不完全一样的分配方法，就成为我们调研的首选内容。当时我国农村的基本政策是"三级所有，队为基础"，即生产资料归人民公社、生产大队、生产队三级所有，以生产队为基础进行核算和产品分配。大寨提出要向更大更公的目标前进，直接过渡到了大队核算。在分配方面，大寨创造了一种"自报公议"评工记分法，即每天劳动结束后，由社员自己讲该给自己记几分，大伙儿再根据他的劳动表现来评议记分。在大寨考察时，我们亲眼看到了大寨艰苦奋斗的成就，感到大寨人的确不简单，他们的劳动精神让人不得不佩服。据说大寨是"白天门上一把锁，夜里地里一片灯"，"吃得冰碴饭，豁出性命干"。大寨人干得艰苦，但也有"左"的一面，有时还很敏感。当时我们住在离大寨大队不远的一个村，叫作下思乐大队。下思乐在新中国成立初期就是一个先进村，全国学大寨以后又成为学大寨的先进大队。该大队的干部跟我们私下讲：我们也很难啊！收成不能比大寨差，差了就是不好好学大寨；也不能跟大寨一样，更不能比大寨好，否则就成了跟大寨争红旗。因此我们基本上是一次稍高，两次稍低，总体上水平要比大寨低一点。我们在大寨还亲眼看到一个东北人在其供销社买了一个人造革包，要求开发票，使得售货员大为光火。在二人发生争执时，出来一个干部模样的人厉声质问那个东北人："你是来学习的还是来砍旗的？"这些现象使我们对大寨人的原来良好的形象打了些折扣。当然，在当时的大背景下，也囿于我们的认识水平，我们最后在自己的毕业论文中对大寨人的分配方式还是给予了很高的评价。

苦并快乐着

总的来讲，我们最后这一届工农兵学员的学习气氛很浓，学习成绩也是比较好的，这在我们政治系几乎为老师们所公认。

我们的学习生活很紧张。一般是上午四节课，下午四节课或者两节课。如果上两节课，就有两个小时可以自由活动，我们通常是打打篮球或办办个人的私事。我因为是学校排球队的队员，每周还要参加几次集

笔者在山西大学任教时照

中训练。我们每天晚上都要雷打不动地上图书馆自习，从晚上 7 点到 10 点，去迟了就找不到座位，直到图书馆闭馆大家才回自己宿舍休息。在我的印象里，只有遇到电视台播送重大的国际体育赛事时，同学们才舍得牺牲一次晚自习，把系里仅有的一台电视机搬到院子里，大家一边围着看，一边为中国队加油。

我们在大学期间的物质生活十分艰苦，跟现在的学生根本没法儿比。我是从运城到太原来上学的，运城地处黄河流域，是棉麦之乡，运城人自古以来就是以白面（小麦粉）为主食，到了山西大学后主要吃陈年玉米面做的窝窝头，嚼到嘴里都是渣子，一点儿香味儿都没有。但窝窝头不限数量，可以随便吃。我们就经常拿回两个窝头放在宿舍暖气上，等晚自习结束后回来吃。我们住的学生宿舍里老鼠很多。记得有一次我们上完晚自习后回来，隔壁宿舍的一位同学看见老鼠在吃他的窝头，气得拿起衣架就打了过去，还真把老鼠打死了。他把老鼠扔出去，回来后把窝窝头抠一抠又给吃了。

吃午饭是我们一天中最幸福的时刻，因为我们的碗里往往能有一两个肉加淀粉做的丸子。我们宿舍里有一个比我们岁数稍大的 30 来岁同学，我们都叫他"老头"。有一次大家跟"老头"开玩笑，几个人躲在宿舍门后拿着筷子等他端着饭菜回来。他刚一进门，几个人就呐喊一声蜂拥而上去抢他的丸子。现在回想起来，当时生活虽然艰苦，但是大家情绪很好，而且我们班风气正，同学关系好，大家相处很融洽，是一个很不错的集体。

至于我自己，在学校时对搞运动没兴趣，不是班里的积极分子。我在运城地区报社工作时，党支部大会曾经同意吸收我入党，但因为舅舅的右派问题没有获得组织批准，由此情绪受挫，在大学期间就没有再写入党申请书。我也不是团干部，连小组长都不是。我只是觉得过去耽误的时间太多，所以有空就想读点书，不愿意把时间用在那些无意义的花活上。尽管我对搞批判运动不积极，但在体育活动以及平时与同学们相处中还是比较活跃和有人缘的。还有一条，那时，有几个"活儿"肯定是我的，推也推不掉。一个"活儿"是刷写学校主楼上的大标语。过去没有电脑，搞运动挂标语都得用大排笔去刷，一张全开纸一个字；二是系里和班上的壁报。每逢五一、七一、十一，学校都要以系为单位出壁报，还要搞评比，我们系基本上老是第一。因为我写的毛笔字还说得过去，所以这些事情作为"政治任务"大多都交给我，而我也是认真去做的。

大学这两年，正是我们处于年轻、充满热情又没有生活负担的时期，大家在一起相互切磋又快乐相处。后来，同学们在毕业 30 年后再聚会时，对这短暂的同学时光都十分怀念。

从"上管改"到"文盲加流氓"

我们报名上大学的时候，正值"左"的路线最猖獗时；我们入学后又赶上粉碎"四人帮"后的两年徘徊时期；我们刚刚离校就召开了党的十一届三中全会。这个大的背景决定了我们这一期学员的学校生活有很多特点。

比如，我们是新中国自有高等教育以来学制最短的，只有两年。据我所知，我们国家的高等教育中，过去医科要学八年，后来改为六年，又改为三年。我们学文科的更惨，从原来的四年改为三年，到我们这最后这一期时改成了两年。

比如，我们是彼此之间具体情况差异最大的。我们班共有64位同学，其中有27位女生。同学们分别来自山西省各个地方，成分以工人和农村青年为主，也有个别基层干部，还有两位解放军战士走读旁听。入学时，我们班年龄最大的36岁，年龄最小的18岁，正好相差一倍。同学之间的待遇也不一样，大体可分为三类：第一类是上学前已经工作六年以上，可以带薪上学，并且上学期间也可作为连续工龄计算；第二类是上学前已经参加工作，但因工作时间不足六年而不能带薪，上学前的工作时间可算工龄，但不可作为连续工龄计算；第三类是农村来的青年或插队知青，按当时政策上学期间不算工龄。

再比如，我们不叫"大学生"而叫"工农兵学员"，二者有何区别呢？工农兵学员不仅要学习，而且要上大学、管大学、改造大学，简称"上、管、改"。那时候很有意思，一方面，虽然十一届三中全会还没有开，但是国家已经开始提出要加快现代化建设、重申重视知识和人才，大家学习劲头非常足；另一方面，又不得不占用一些时间去参加各种运动。我记得当时政治系组织批判系里一位教经济学的副主任，他写了一篇文章谈"利、力、理"之间的辩证关系，结果被说成是宣扬唯生产力论。可见那时候仍然有许多"左"的东西尚未清理。

到了1978年后半年，社会上和学校里一些人对工农兵学员的态度来了个一百八十度大转弯。"上、管、改"不再提了，我们这些工农兵学员也似乎被当成了"文革""遗产"。特别是到了毕业分配的时候，一些人公开讲工农兵学员是"文盲加流氓"，是"不可以使用的人"。按照此前的政策，工农兵学员的毕业分配不外乎两个流向：一是根据国家和地方工作需要进行统一安排；二是按照"哪来哪去"原则再回原系统或原单位。但到我们毕业时，事情就完全不一样了。举例说，我们班有四位同学是从运城上学的，上学前都在地区直属单位工作，到我们毕业时这几位同学没有一个"哪来哪去"回原单位，而是通通分配到各人民公社所办的基层学校，并且全部是山区农村学校。最终，这个分配方案未能得到落实，因为当时受过系统知识教育的人还是少，大学毕业后到哪儿工作都有人要。至于我自己，在毕业的时候山西日报社和山西省委党校都有意要我，最后我还是选择了留在山西大学教书。留校后，我心无旁骛地把精力用在了教学和研究问题上。我是我们这一批留校生中最早走上讲台的。从1979年起，我先后给哲学系、经济系、法律系的七七级、七八级、七九级的学生上过课，主要讲《国际共运史》，也讲过《科学社会主义》。除了讲课，我还围绕"蒙古问题的由来和历史沿革""二战时期苏联的东部战线问题"开过几次专题讲座，听众主要是七七级、七八级的文科学生。我同来听讲座的同学们就国际主义与国家关系、民族问题和民族主义、国家主权和沙文主义等课题进行了比较深入的探讨。因为当时刚开始解放思想，我引用的材料以及我的观点在学校还是比较轰动的。那个时候一度实行过大学生给任课老师评分的做法，结果同学们给我打得分最高。这两年，我还在国家一级学术刊物和学校的校刊上发表了三篇论文，参与了《科学社会主义》教材的编写。

就在我一心一意想在教学上努力工作时，学校开始评定职称了。系里给我报的是初级职称助教，但学校说不行，因为我是工农兵学员，不能在教学岗位工作。学校还说，等将来七七级和七八级学生毕业充实了师资以后，会逐步把工农兵学员从教学岗位上全部清理出去。这些当面直言充满轻蔑的话，使我们的精神很受刺激。我当时就下定决心：要走，一定要走！要以自己的实际行动摘掉头上的工农兵学员历史之冠。

"戴帽""摘帽"说

到七七级大学生毕业的时候，国家颁布了《学位条例》并开始招收学位研究生。我所在的山西大学政治系科学社会主义专业是全国第一批硕士授予点，系里的领导和老师也都很看重我。有两位老教授就曾找我谈，让我报考他们的研究生。我说，我知道老师对我好，但我不能依靠老师的关照，要上我就要凭本事，要考我就考北京。我当时想，人家看不起你，你自己不能看不起自己。

1981 年，我同国家第一批正规化教育培养出来的七七级毕业生同台竞技：平等地报考，在同一考场回答同样的试卷，按照同样的标准评判。最后，我因成绩名列前茅，进入"文革"后第一批学位研究生之列，并且我所报考的专业在全省只录取了我一人。我离开山西时，我们系那位最早让我报考他研究生的老教授前来送我时说，他为我摘掉旧帽子感到由衷的高兴，并嘱咐我，永远不要抱怨历史，心里要永存光明永存感激。

工农兵学员是我们国家特定历史阶段产生的一个特殊现象。以前没有，以后也不可能再有这样的事，所以说它是空前的，也是绝后的。几十年后，当我们早已走出"文革"的喧嚣再回过头来冷静地思考一下这个社会现象时，真是感慨良多：

第一，工农兵学员是在"文化大革命"这个大的时代背景下，在国家经过了许多年大学不招生的情况下而产生的。要正确认识这种历史现象，就要把它放在当时特定历史条件下去看，一分为二地看。一方面，从主流方向看，它是我们国家教育事业发展进程中所走的一段弯路、错路，除了当时错误的政治斗争影响之外，它还从根本上背离了高等教育和培养人才的规律。另一方面，在国家高等教育已经中断多年、知识和文化广受践踏的情况下，办大学比不办大学好，学知识比不学知识好。教育方针和教育政策错了，违背规律走错了路，这是我们党和国家一个值得永远记取的教训，但它与当时上学的学员、教学的老师无关。毫无疑问，如果没有"文革"，我们也一定会按部就班地考大学、上大学。可我们这一代人赶上了这个年代，只能无可选择地按照这个方式走过来。

第二，工农兵学员为弥补人才断代起了特殊的历史作用。工农兵学员的主体是来自基层的被广大群众推荐出来的优秀青年，并且有幸成为那一代人中受教育较多和掌握知识较多的群体。当然，这样说并不排除某些人在产生过程或知识水平方面存在的问题。"文革"中上学的工农兵学员同"文革"前和"文革"后上学的大学生一样，都是我们党和国家培养出来的知识分子，都为中国的建设和发展做出了重要贡献。人才是不能隔代相求的，历史也不可能跳过哪一代人去隔代发展。唐太宗李世民曾因他的宰相封德彝不识人才、不举荐人才而斥责他说："君子用人如器，各取所长。古之致治者，岂借才于异代乎？正患己不能知，安可诬一世之人？"现在党中央和省部一级的领导人中，国家各科研机构和各大专院校的学术带头人中，曾经当过工农兵学员的为数不少。他们正是在工农兵学员这个阶段奠定了起步的基础，并在此基础上又进一步接受了更高层次的教育。在新中国人才接力传承的过程中，有工农兵学员跑的这一棒，才使国家的人才没有断代，今天看这件事也是意义重大的。

第三，工农兵学员那一段无论是非对错早已成了陈年旧事，现在我们的社会越来越文明进步，那样的事情不会再有了。之所以说起这一段，一是因为作为文史工作者，有责任把那段特殊时期自己亲历的事情作为史料留下来；二是历史的经验教训值得记取，但是要辩证地扬弃而不是简单地臧否。懂得尊重自己历史的民族才是成熟的民族，有广泛包容性的社会才能成为和谐社会。无论什么时候，我们都不能忘记小平同志说的，搞社会主义事业就要努力调动一切积极因素，就要让人们各尽其才各得其所，就要扩大团结面增强包容性。

我当北大"工农兵学员"班主任

魏英敏

我"掺沙子"到北大

记得是在 1970 年的初秋,我在江西余江县的人民大学"五七"干校临时出差,去那里做清队、整党工作。忽接调令,要我去北京大学报到,参与教学试点工作。

1966 年"文革"开始后,大学就停办了。过了两年,毛主席发话:"大学还是要办的。"1970 年 6 月 27 日中央批转《北京大学、清华大学关于招生(试点)的请示报告》,招生意见是,招收政治思想好、身体健康、具有三年以上实践经验、年龄在 20 岁左右、有相当于初中以上文化程度的工人、贫下中农、解放军战士和青年干部及上山下乡回乡知识青年;实行群众推荐、领导批准和学校复审相结合的招生办法。是年北京大学共招收工农兵学员 2665 人(含一年制短训班 257 人),其中江西分校 433 人,汉中分校 111 人。(以后其他院校陆续跟进,从 1970 年至1976年全国共招工农兵学员94万多人。)

毛主席指示有关部门组织军宣队、工宣队到知识分子集中的地方"掺沙子",后来又派一些出身好、表现好、有一定水平的知识分子,"掺和"进去领导、组织、安排工农兵学员的教学工作。他们管教学、管教师,又管工农兵学员。

就在这种情况下,经北大、人大军宣队领导协商,从人大筛选50多人调进了北大。我是其中之一。

我们到北大之后,首先参加军训,在北京郊区"拉练"。背着行李,每天走数十华里,到了驻地学习解放军,给房东老乡挑水、扫院子、劈劈柴。"拉练"结束后,我被分配到哲学连(哲学系)。

第一届工农兵学员是"百里挑一"

那一年(1970年),北大哲学系共招收工农兵学员180名,下设四个排。我被任命为第四排(大班)排长。七〇级学员毕业后,又派我做七四级工农兵学员的班主任、党支部副书记,主管教学。我的身份是一名基层的教学管理人员,任务是管理学员、教师,组织安排教学。同时我又是工农兵学员"上、管、改"的对象。

北大哲学系的这两届工农兵学员,都是来自生产劳动或军队第一线的优秀分子。他们出身好、表现好、工作好,有一定的文化基础,由于诸多原因没有条件读书深造,底子很薄,所以非常向往有机会去读书、学习。他们年龄参差不齐,文化程度参差不齐,但是共同的特点是渴望获得更多知识,以建设家乡、报效祖国。

平心而论,工农兵学员特别是第一届工农兵学员,个个都是好样的。他们到北大学习的确是"百里挑一",说是"千里挑一"也不为过。七〇级这些工农兵学员,是从基层选拔上来的,没有也不可能"走后门"。以当时黑龙江嫩江县为例，全县数百人参加推荐，从生产小队到大队、到公社，再到县里，层层推荐、层层选拔，优中选优，并且要通过我作为北大"工农兵学员"班主任文化考试，最后达标，符合条件的只有三人。这三人分别是中央党校办公厅原党委书记、副主任王桂英；现住建部部长姜伟新；清华大学、研究生招生办公室原主任杨淑华。

北大第一届工农兵学员是名副其实的"工农兵"，来自工厂，农村生产队，内蒙古、黑龙江生产建设兵团等地，还有一大部分来自解放军基层连队。2665人中，军人有1215人。他们分别在哲学、中文、历史、外语、力学、物理等系学习，年龄最小的18岁，最大的38岁。工农兵学员基本上是"社来社去"，就是从基层中来，又要回基层中去。他们上大学的目的是学点知识回乡，回工厂、回部队、回基层，去改变那里贫穷落后的面貌，根本没有想要留在大城市、留在政府机关。他们的思想是单纯的，升学的目的是明确的：报效家乡、报效祖国、报效党。因此，到校后，他们惜时如金，如饥似渴地读书学习。

"开门办学"的日日夜夜

当时的教育方针是教育为无产阶级政治服务，教育与生产劳动相结合。因此，学校课程安排的宗旨是学习书本知识与学习工农兵相结合，即理论与实践相结合。

北大哲学系为第一届工农兵学员开设的主干课程是马列主义毛泽东思想，如《关于费尔巴哈的提纲》《费尔巴哈与德国古典哲学的终结》《反杜林论》《共产党宣言》《法兰西内战》《哥达纲领批判》《唯物论与经验批判论》《国家与革命》《苏联社会主义经济问题》《矛盾论》《实践论》《关于正确处理人民内部矛盾问题》等。此外还有哲学原理、中国哲学史、西方哲学史等专题讲座，以及写作课。

客观地说，自七〇级始，一届比一届的课程系统、全面，这就为工农兵学员日后成才奠定了深厚的理论基础和广博的知识底蕴。七四级入学后，课程更加完善和系统，如系统地开设了中国哲学史、西方哲学史、形式逻辑、中共党史等课程。教师阵容强大：赵家祥主讲《国家与革命》，宋一秀主讲《哥达纲领批判》，魏英敏主讲毛泽东《关于正确处理人民内部矛盾问题》，张文儒、李克刚主讲政治经济学和《苏联社会主义经济问题》，许征帆主讲共产主义运动史（第一部分），李真、陈启伟、张显扬、朱德生主讲欧洲哲学史和现代资产阶级哲学批判，诸如《古希腊罗马哲学》《中世纪欧洲封建哲学》《17世纪欧洲封建哲学》《17世纪英国哲学》《17世纪法国哲学》，李世繁先生主讲《从逻辑学观点看列宁对考茨基的批判》。讲授欧洲哲学史的还有一些老专家、老教授如王宪均、齐良骥、熊伟等。此外还有专题课《马恩列斯论无产阶级专政》，由张文儒辅导。

除学习专业知识外，这两届工农兵学员读大学还有"上、管、改"的任务。所谓"上"即上大学——学习马列理论及相关知识；所谓"管"即管理大学——他们是学校的主人，参与教学的设计与管理；所谓"改"即改造大学的不合理规章制度，探索教学革命的新路，监督改造知识分子，即帮助教授们改造思想。

这两届工农兵学员在校学习的三年或三年半时间里，读书约占三分之二，那三分之一多半是下农村学农、去工厂学工、上部队学军——这叫"开门办学"，可以说是半工半读，以读为主。他们到过北京市大兴县余垡公社、黄村公社、大兴二锅头酒厂、石景山公社田村大队、北京针织总厂、新华印刷厂、三十八集团军。在农村，住老乡家里，吃派饭，与农民同吃、同住、同劳动、同娱乐；在工厂，住职工宿舍，吃职工食堂，参加一定的生产活动，同时做社会调查。七四级工农兵学员在大兴县"天堂河"农村边劳动边读书，学习插秧、施肥、拔秧、除草、割稻、打谷、种水稻，获得大丰收，总产量36003斤，亩产968斤，"过了长江"。部队学员张东岭在一篇文章中写道："农田劳作让我们尝到了农村生活的清苦和农民劳作的艰辛，大家更加深了与劳动人民的感情，更加珍惜来之不易的学习机会。"何止是张东岭，应当说，这是105名工农兵学员共同的心声。

工农兵学员，尤其是七四级的学生，他们有丰富的阅历，是见多识广的一届。他们在农村、在工厂、在部队、在机关、在学校经过"文化大革命"初期疾风暴雨的考验，经过斗、批、改阶段的锻炼，又在农村、工厂、部队过过一段艰苦生活，或做过一个时期基层干部，身上没有骄、娇二气，有的是朝气蓬勃的勇气、战胜艰难困苦的意志。他们是在广阔的社会实践天地里，学会怎样学习、怎样生活、怎样与人合作、怎样做人做事的一代人。

亦师生　亦战友

1973年，"张铁生事件"之后，全国推广朝阳农学院的教育革命经验，所谓"大学越办越大，越办越向下"，学员们长时间到农村、工厂、部队学习。这些都使教学受到很大冲击。

"四人帮"倒台以后，为夺回损失的时光，让工农兵学员学更多的理论知识，系里加大了学习力度，开设了哲学原理、自然辩证法等课程，还有若干哲学、哲学史方面的讲座。冯友兰、张岱年、邓艾民、楼宇烈等教师重开中国哲学史，为六周左右。冯友兰还开设了专题讲座《新理学的自我批判》。冯先生说，中国哲学史上对孔孟之道进行过三次大的改造，第一次是汉朝董仲舒把孔孟之道宗教化，第二次是魏晋何晏、王弼、郭象的玄学，把孔孟之道老庄化。第三次是程朱、陆王把孔孟之道佛老化。他声言，试图对孔孟之道进行第四次改造，即把孔孟之道资产阶级化。他于20世纪20年代写的《人生理想的比较研究》《人生哲学》教科书以及抗战期间的《新理学》等贞元六书，都是对孔孟之道第四次改造的尝试。

由于形势发展、工作需要，这两届工农兵学员毕业后，组织上要求他们服从分配、听从党的安排。他们之中有的回到了自己的家乡，到公社、到工厂、到部队，也有不少人留到县里或市里。北大1970年招收的工农兵学员共计2600余名，留校当干部的136人，充实到校系两级领导岗位。他们不愿留校，学校领导费了很大劲说服，他们才放弃初衷，留下来工作。这些人当年20多岁，如今都已退休。他们多半做到正处级干部，其中有三名当了北大的副校长。

其他在外地工作的工农兵学员，无论是七〇级还是七四级表现都是好的。他们进校时文化水平参差不齐，多数是初中毕业，少数是高中毕业，还有一些只有小学文化程度。但在北大学习三年左右后，基本上达到大学专科的水平，参加工作后他们又通过各种方式补上了大学本科的课程，成为名副其实的大学生。其中有少数人考上了硕士研究生、博士生或出国留学。他们热心读书，刻苦学习，像海绵吸水般地吸收各种知识的场景，给我留下了深刻的印象。系里当时成立教改组，把有学问、有丰富专业知识的中青年教师和一部分老教授配备到教学第一线，他们不仅在校教学，还跟随学员上山下乡，去工厂、部队，边锻炼，边教书，边"改造思想"。师生关系总的来说是好的，学员尊重教师，教师爱护学生。师生"摸爬滚打"在一起，成为"一个战壕里的战友"。

工农兵学员为我"平反"

1975 年学习朝农经验，教学受到很大冲击，读书上课时间在减少，劳动时间越来越长，不少教师、学员，开始抵制这种思潮。

我当时是这个班的班主任，又是教改组组长。在大兴分校一次教学工作汇报会上，我借姚文元讲话批评工农兵大学生劳动过多、业务知识学习过少的状况，批评北大。我说："'六厂二校'（当时说毛主席在'斗、批、改'中亲自抓的点，有新华印刷厂等六厂和北大、清华两校）的经验，未必都先进。我们在这里半天劳动，半天读书。读书时间本来不多，可是星期六、星期天又要义务劳动，这太过分了。没有多少时间读书，怎么能够成为又红又专的人才？"我还说："星期六、星期天请假回校，只退粮票，不退钱票，又没有澡堂，学生不洗澡，女大学生洗头的条件都没有（大兴县永定河泛滥区，到处是黄沙），长此以往，怎么坚持得了！"

听了我的意见，北大工宣队大兴分校负责人之一、外文印刷厂的工人师傅立即对我进行批评，说我抵制教育革命，挑拨工农兵学员与军、工宣队的关系。我反驳说："今日开会，让我们总结工作、提意见，提的意见，甫说对的，退一步说，就是错了，又何罪之有？难道总结工作，只能说好的吗？"会场一片沉寂。在场的中文、历史、经济、法律诸系的教改组长，对我投以敬佩、同情的目光，他们以沉默不语的方式，抵制工人师傅对我的无理批评。

会后，大兴分校领导开会批评我。分校领导之一、哲学系教师李中华"保"我说："老魏口快心直，此人就是这样，他的发言纵然不正确，但也无恶意。"后来分校领导以我尚未走"五七"道路为名调我离开七四级，下农场劳动补"五七"道路这一课。从此我离开了七四级学员。

1976 年上学期，唐山大地震发生后，七四级师生去唐山抗震救灾，这时系领导调我到毛著教研室教书，任支部书记。七四级工农兵学员从唐山返校，毛主席逝世后举行悼念活动，不久"四人帮"倒台，他们立即行动起来，批判"四人帮"的罪行，表现了热爱党、主持正义的政治热情。

有一天，在七四级工农兵学员住地 38 楼外面墙上贴出了一张大字报，是许多学生联署的："欢迎魏老师回到班主任岗位上，送我们毕业。""我们信任魏老师，请系领导放他回来。"于是，我就又做了七四级的班主任，一直到送他们毕业离校。

往事悠悠，感慨万千。当年的工农兵学员，英姿勃发，生龙活虎，抱着建设美好家园、报效祖国的一颗红心，来到北大，学习三年后奔向四面八方，走上党和国家需要的岗位。他们亲历了改革开放，在这个过程中经风雨、见世面，经受了考验，受到了锻炼，做出了可观的成绩。他们之中涌现了一大批党、政、军机关的领导干部和学校学术团体的骨干，其中不乏高级干部。

仅就七〇级我这个排（班）来说，就有：贾培铎，海军少将，曾任北海舰队副政委；苟天林，曾任西藏自治区党委常委、宣传部部长，光明日报社社长；刘胜玉，曾任中共中央党校副校长、天津市委副书记。还有北京特钢工会主席、全国劳动模范赵振海，还有黑龙江社会科学院研究员毕治国，他写出了中国第一本研究死亡哲学的著作。

七四级 105 名学员中，据不完全统计，正局级干部 12 人，副局级 9 人，正教授 5 人，副教授 15 人，正处级 25 人，副处级 4 人，科级干部 11 人，民营企业家 1 人，个体经营 1 人，出国的 3 人，其余的不详。在他们之中，李发军成为安阳市委副书记、市人大常委会主任，韩朴明曾任日照军分区、威海军分区政委，师荣耀曾任国家发改委办公厅主任，王泉利曾任国家民委国际司司长，贺岩曾任北京电影学院副院长，方敏为上海国防战略研究院院长，许玉杰在地产、绿色食品业成为民营企业家……这些工农兵学员来自基层、第一线，父母亲几乎都是劳动者，没有任何官二代的背景。他们来自基层，回到基层，靠着他们自身勤奋努力，踏踏实实从底层工作干起，都在各自的工作岗位上尽职尽责，努力完成人民对他们的重托，成为国家的栋梁之材。在物欲横流的今天，据目前所知，这届学员中没有一人被双规。

反思现实的中国教育

从 1970 年到 1976 年，自北大、清华始，全国高校招收工农兵学员先后达数十万之多。这是中国教育史上的巨大变革。几千年来，教育一直被权贵阶层、有产者垄断。他们的子弟有条件受高等教育，而广大劳动者、城市贫民子弟，甭说受高等教育，就是受普通的初级教育都很难。这种教育的不平等现象，在旧中国延续了几千年。新中国成立后，旧的教育体制被打破，劳苦大众的子弟或青年劳动者有条件、有机会、有权利（设助学金）受教育甚至受高等教育，这是教育史上革命性的变革。

新中国成立初期，从工农兵中，招收一批学生带工资或给助学金去读"工农速成中学"，补上中学的文化课，然后进入高等学校（大学或大专）深造。这是中国教育史上巨大变革铁的例证。

"文化大革命"后期，招收工农兵大学生，是对旧教育制度又一次有力的冲击。此前，包括新中国成立后的教育，严重的问题是学校教育脱离实践，学生都闭门读书，在"三点一线"中生活，出家门、进校门，出校门、进工作门，不了解社会，不了解生产，不了解生活。这种状况至今还存在，甚至较过去更严重。我们的学校，大、中、小学基本上都是"关门办学"，所谓"封闭式管理"，学生"不食人间烟火"。20世纪90年代以前，我还在岗位上，本科生、研究生都去工厂、农村做社会调查，为期一个月左右。进入21世纪之后都取消了。现在学生学的知识，不能说不先进、不现代。但学生在教育产业化的大环境下，只知读书"做官发财"，此外什么都不懂。文科不做社会调查，理工科不下工厂，整天在电脑里滚、在虚拟世界中混。他们不懂如何刻苦读书，不懂如何钻研学问与技术，不懂为人处世的基本常识，甚至连字都不会写了。

"智育第一"，德育、体育都成了"短板"，从小学甚至幼儿园直到大学莫不如此。近视增加，体质下降，精神呆滞，"少年老成"。当年"锻炼身体，保卫祖国""锻炼身体，建设祖国"的口号、标语，荡然无存。学生成了考试机器，在书本重压之下，失去了快乐的童年和少年。

工农兵上大学，开门办学，学工、学农、学军，为理论联系实际开辟了广阔的道路，培养了学生会做事、会工作、会生活的能力。这条路值得借鉴。对比今天的教育产业化、商品化、以赚钱为标志的糟糕现实，难道教育部门的领导、专家、学者、教师们不应该认真地反省反省吗？

知青"五味"

———

陈蔼眉

回想当年下乡，五个年头的经历留下了甜、苦、酸、辣、涩"五味"的感受，我把它看作人生乐章中的插曲。

甜

1968 年冬，一支由高中生、初中生、社会青年组成的知青队伍开进了位于伏牛山区的河南省卢氏县。我和 30 多个知青，被分在了城关公社的一个大队安家落户。

进村第一天中午，我便独自抽空到了河边。我自小生活在水乡，对水有一种自然的亲切感，更何况是这么一条以《洛神赋》而著名的河呢？而结果却是大失所望，那么普普通通的一条河，无声无息地躺在一川平地之中，平地两边又是光秃秃的大山……我有些惆怅，正准备离开，忽然发现河上没有桥，只有一条小渡船停在河这边。正值晌午时分，"野渡无人舟自横"。这时又来了几个知青，男知青 Z 抢先跳上了小船，并解开了缆绳。谁知还没等他站稳脚，小船就漂离了河岸，又不像在艄公手下那样驯服地驶向对岸，而是来了个90度的急转弯，向下游冲去了。当时我们都吓傻了。后来得知渡船在下一个渡口被截住，勇敢的"船长"趴在船里起不来的狼狈相后，我们都捧腹大笑了好一阵子。谁都有闹笑话的时候。

第二天，我和另一个女知青J抢着给贫农范大叔家挑水。谁知一上井台，心一慌，手一颤，把桶掉进井里去了。待范大叔把桶捞起来一看，好好的铁皮桶已被碰瘪了一大块。

不久，大队为我们盖好了新房，还给我们添置了一台缝纫机、一架手风琴及二胡、笛子等乐器，说是要成立"毛泽东思想宣传队"。这在村里算是很重要的新生事物，但不知为什么队委竟决定让我出任宣传队长。我贵有自知之明，诚惶诚恐，不敢受命，推辞了半天。只记得慈眉善目的程支书和蔼地说："你肚里墨水多，听说你在学校里就会编戏，往后把咱队里的好人好事也编写编写，好让上头的领导和外队的群众都知道知道。"正在打瞌睡的老贫协主席忽地睁开了眼："女呀，别推了。天天早晌唱《东方红》，我听你唱得声最高，嗓门亮亮的，你当宣传队长满中。"正急得满头大汗的我，一听这话不禁"扑哧"一声笑了。这一笑不打紧，他们便都认为我同意了，任命会到此结束，我也只好硬着头皮上任了。

宣传队由有文艺特长的知青和社员组成，后来又添了两个回乡的教师，大约有20人。我们每天劳动半日，排练半日，隔几天晚上就为社员演出一次。那年头，除了《地道战》《地雷战》等几部电影以外，就只有8部样板戏，可山里的社员对京剧是既听不懂也不爱听。我们就用当地群众喜闻乐见的"眉户调"改编演出，用当时的话来说就是"移植"。记得有《白毛女》全剧，有《沙家浜》的"智斗"、《红灯记》

的"赴宴斗鸠山",还有手风琴伴唱《红灯记》。另外,还有一些自编的歌颂毛主席、共产党及表扬好人好事的歌舞,还参加过县里组织的会演。慢慢地,我们宣传队在县里小有名气了,队员的姓名也被所扮演的角色代替了。比如女知青 F 是"阿庆嫂"、女知青 J 是"沙老太婆"、男知青 P 是"刁德一"、社员小留子是"胡司令"、男知青 C 是"小个子兵",等等。最有趣的是,连"阿庆嫂"的男朋友都被人叫成了"阿庆"。

那年我留在村里过春节。大年三十的子夜时分,我被一阵敲门声吵醒,原来是村里的几个小女"抢"我去各自家吃"疙瘩"(即饺子)。为避免厚此薄彼的嫌疑,我哪家也没有去。结果,又有人给我端来煮好的肉菜、熬好的凉粉汤。白天去社员家拜年,偎着轻易不生的木炭火盆,吃着内夹花生米或核桃仁的柿饼,说说笑笑地倒也不寂寞。临到夜幕落下,农民们从大队仓库里抬出了尘封蛛缀的大锣、大鼓、大钹,找出唢呐之类的响器,在村中的空地上敲打吹奏起来,真是"石破天惊"!围拢过来的乡亲兴高采烈地助喊着,七嘴八舌地评说着,津津有味地聆听着,大有"此曲只应天上有,人间哪得几回闻"之感。我不知那是什么曲调,却感到那乐声时而豪放、时而欢快、时而悲凉……或许那是他们的憧憬,或许那是他们的呐喊,或许那只是他们单纯的宣泄?

面对那支自发组合的农民乐队,我的心灵确实被深深地震撼了。在这个偏远的伏牛小山村里,我听到了一曲名不见经传的农民的"命运交响曲"!

随着"文革"形势的发展,宣传队被另一种新生事物——"五七农学院"所替代。除了宣传队的原班人马外,又增添了几位有经验的老农和几个有政治身份的知青。

"五七农学院",顾名思义就是搞农业科学实验的。我自小爱幻想,于是又不断地"想入非非"了。

　　首先我想试种"多果树"。尽管村里有桃园、梨园，还有柿树林，但我想让一棵树春天结桃，夏天结苹果，秋天结梨，冬天结柿子。按山里当时的习惯，女人是不能嫁接果树的，否则果树永不开花结果，尽管"破四旧"之风正兴，但这点却没人去破。我没敢去闯那个禁区，生怕被戴上"破坏生产"的帽子，只学了营养钵育苗。这总算沾了点科学种田的边，没有空挂一个"五七农学院院士"的头衔。

　　知青的乐事，莫过于收到"抵万金"的家书或情书了。只要听到邮递员老苗的自行车铃声，屋里屋外的知青就会一窝蜂似的拥上前去，围着他追问："有我的信没有？""有我的汇款没有？"换了我早烦了。可老苗总是憨厚地一一回答"有"或"没有"，甚至还给失望的人加上一句："沉住气，下回就有你的啦。"

　　后来，我们分到各小队干活，吃饭也由原来的学生食堂改为到社员家轮流入伙。这样我们和农民的接触就多了，有的几乎和一家人一般，我们笑称为"堡垒户"。说起我的"堡垒户"，还带有戏剧性呢！有一天轮到去小芹家吃饭，因村里的房子样式、大小都差不多，加上我好迷失方向，转了半天竟认错了门。我走进去，看见"小芹"正在灶前烧火，便悄悄地去拽她的辫子。她一扭头，天哪——却是个圆脸盘、大眼睛的小姑娘。我正发窘，那小姑娘却笑嘻嘻地、甜甜地、尾音拖得长长地喊了一声"姐哎"！我说："瞧你穿这蓝褂子，拖着条长辫子，我把你当成小芹啦！小芹家在哪儿？我得去她家……"小姑娘拉着我的胳膊，死活不让我离开，连声说："就在咱这儿吃，就在咱这儿吃。"她母亲也出来让我进屋："俺素霞子可待见（喜欢之意）你啦！说你们宣传队演的戏好看，说你们说的北京话（指普通话）中听，成天说要让你来家吃饭，又不敢言声。"看着她和她母亲真心实意地留我，我真有些受宠若惊。

吃过饭，素霞子送我回住处，我这才发现隔壁才是小芹家。

打那时起，我在山村就仿佛有了一个家。除了晚上睡觉，我和素霞子几乎是形影不离。每天干完地里的活，她还要干"屋里活"——纺线、织布、绣花……我呢，要不就看书，要不就看她干"屋里活"。

素霞子跟村里的小女子一样，绣"抹兜"、绣袜底，一块普普通通的布经过她的手，经过她的一针针、一线线，就变成了一件古朴、精致的民间艺术品，真令人叹为观止。

相处日子长了，我俩就来个"二人互助组"，她教我干"屋里活"，我教她读书写字。可笑的是，我这能拿笔杆、能握锄把的手却捏不住一根小小的针；而素霞子那掂惯针钱的手却摆弄不了一杆笔。努力的结果是，我终于勉勉强强地为自己做成了一双鞋，而素霞子也能歪歪扭扭地写出自己的尊姓大名了。

这么多年过去，一切都改变了，不变的只有我的思念。在我的脑海里，不时浮现出那个圆圆脸庞、大大眼睛、长长发辫的素霞子；在我的耳畔，仿佛随时能听到那声甜甜的、脆脆的、尾音拖得长长的呼喊——"姐哎"……我想她一定也忘不了当年那个贸然闯进她家的傻乎乎的女知青吧！

苦

山里的农民习惯天蒙蒙亮就下地干活，干到八九点钟才回家吃早晌饭。如果是农忙时节，又赶上有月亮的日子，半夜两三点钟就得起床下地，一直干到"金乌西坠""玉兔东升"才能收工吃晚饭。用"扶犁披星去""带月荷锄归"来形容我们的作息是再恰当不过了。

我们大队有很多耕地都在山上，忘不了冒雨抢栽红薯时，春雨一下，春寒料峭，山路上走的都是头戴草帽、身穿棉袄的社员。等红薯苗喝够了雨水，身上的棉袄也都吸足了水分，和身上的汗水掺在一起，冷热交加，叫人穿也不是，脱也不是。秋季在玉米地里锄草更加刺激，又宽又长的玉米叶子似锋刃纵横，一株株玉米个个像荷剑持刀的武士。锄草时一不小心，脸上、手上、臂上、脚上，只要是裸露的地方都会被它刺上一"剑"，或拉上一"刀"，经饱含盐分的汗水一蜇，火辣辣地疼；再加上玉米林里，密不透风，闷热得叫人难以喘气。至今还记得知青们当年的那些狼狈相。

农村的女孩子最喜欢割麦子，金芒闪闪，银镰灿灿，麦浪滚滚，人潮涌涌，甚是悦目，可谓壮观。但我的腰弯得时间长了却疼得像断了一样，背上也像压了个大磨盘似的沉重。我只好和男社员一样去捆麦、担麦，小女（当地对女孩子的称呼）们都奇怪我何以不干轻活去干重活，因为那时女的即使和男的一样干活，也只能按女的标准评分。但不知工分多少对我来说真是身外之物，只要腰不疼就是最大的快事！

山里没有煤，全靠打柴、拾柴火买柴过日子。按当地习惯，女人从不进山打柴，但我们女知青却不知深浅地进了山。半夜赶山路，社员们如履平地，我们就不行了，高一脚、低一脚的，速度很慢。我就更惨了，眼睛高度近视，更是走得跌跌撞撞。大概是少年不识"险"滋味吧，只觉得像杂技演员表演似的，还蛮有趣呢！只是打完柴草返回时，我才体会到那山何以叫"轱辘坡"。挑着柴草走山路，一掌握不好，柴担碰到山壁上，反弹力就会将人撞倒，不就连人带担"轱辘轱辘"地滚下坡去了吗？我自知技术不过关，就和同行的女知青两人合伙一担一担地抬，虽然比别人多跑了一趟，但终于没有从"轱辘坡"上"轱辘"下去。

我们这个大队，虽不在深山，但却距一个名叫"杜关"的风口不远。当地人说："冬过杜关，铁牛叫唤。"连铁牛都冻得受不了，更何况是人呢？我常常是手脚都被冻得红肿、溃烂，有个上海籍的女知青比我还惨，连脸都冻伤了。宿舍里也是寒气逼人，纸糊的顶棚被老鼠咬了不少窟窿，朔风直往屋里灌。每天晚上睡觉，要将全部的衣服都压到被子上，并把脚头的被子用绳子捆上，再把头缩进被窝里。有时晚上想看书，就得去做饭的灶炕里挖柴草灰，用脸盆盛着抱在怀里取暖，颇有些"火烤胸前暖，风吹背后寒"的味道。当时没有温度计，不知屋里到底冷到什么程度，但一觉醒来却能发现头晚用的毛巾冻成了一块硬板，牙刷头也成了冰坨子！

酸

当时文艺作品的"高、大、全"人物都没有七情六欲。但我们毕竟是"八九点钟的太阳"，我们不仅需要激情，也需要温情；不仅需要革命，也需要伴侣。于是，知青与知青、知青与外界开始了新的接触、新的追求。

知青里谈恋爱最早的可能算"阿庆嫂"和"阿庆"了。据说他俩在学校时就相互爱慕，下乡后朝夕相对，情意更深。谁知临到返城之际，却是"霎时间天昏地又暗"，彻底分手了！原来，"阿庆嫂"家里已为她物色了一个颇有身份和地位的人。虽说她痛不欲生、一再抗争，但最终还是屈从于家庭，让"阿庆""跑单帮"去了。这不能不说是属于"悲"的典型。

男知青 L 成为大队支书的"乘龙快婿"，这无疑是件"新鲜事"，是决心扎根农村一辈子的革命行动，一时传为佳话。可 L 回城后，支书女儿的户口一时转不去，两人分居了一段时间，竟然离婚了。据说，并非 L 是"陈世美"，而是由于支书女儿不愿做"王宝钏"。这无疑是

"离"的一类。

男知青 S 是个农村学生，但不知为什么没有返乡，却和我们一道来到了伏牛山区插队。当时，他被大队一个未婚的青年女干部追得很紧，大伙儿看看他俩也很般配，都极力撮合这件事。他却死活不同意，即使被人说成是"看不上贫下中农"也不改其意。后来真相大白于天下，原来他上高中时父母就已"秘密"为他在乡下娶了亲，并生有儿女。这事自然弄得那女干部心里"酸酸"的。

至于我呢，当时"天时、地利、人和"无一具备，加之在上高中时已立誓"不上完大学绝不谈恋爱"，结婚就更别提了。那时挣的工分不够养活自己，每月还要家里寄生活费，年底还得家里换钱买欠缺的口粮。连自己的嘴都顾不上的人，还有什么资格来谈情说爱？

但人在尘世间，岂能不受外界干扰。对于那些在信中谈及此事的，我倒不觉得为难，大笔一挥，洋洋洒洒，堂而皇之地找上几条理由推掉就是了。对那些当面锣、对面鼓的，我就只好采取不理不睬的办法，让他知趣而退算了。但这样一来，"多情却被无情恼"，有的人竟反目成仇，对我进行人身攻击，真叫人伤透脑筋！

经一事，长一智。为了避免那些麻烦事，我就决心去掉自己的"女人味"。我本来就不喜梳妆打扮，后来就更加不修边幅了，长辫子剪成短头发，鲜亮一些的衣服都染成黑色或蓝色，和异性说话尽量不让自己的腔调温柔……当时自己还颇为得意地想："不遇到中意的男子，绝不改变！"谁知久而久之，习惯成自然，竟成了一种顽症，要治好它已非易事了。一些岁数比我小的农村小女都已成家、抱娃；而知青们也大多"名花有主"或"名主有花"了，我仿佛成为"孤家寡人"。再后来，知青都回城了，我成了"留守处长"。有好心人劝我在农村找一个算了。为了避免不必要的麻烦，一天干活休息时，我故意拿出一封信看，并说是我"那一个"写来的。好奇的小女们看到信尾的名字"严有义"就信以为真,其实那是我远方的一个女同学罢了。坦白说,农村中不乏优秀的青年,但说不清、道不明的是,我生活在农村,却不愿将自己的爱情之树植在农村。

如今已步入"知天命"之年的我,回想起早逝的青春,扭曲的心灵,怎会没有心酸与痛楚呢?虽然我不后悔我的晚恋与晚婚,但我却有些辛酸和喟叹我那失落的女儿情、女儿心!

辣

下乡两年后,招工开始。随着城里的工矿、商业部门相继前来招工,人际关系学开始被广泛应用了。知青们"八仙过海,各显其能",谁有本事,谁先回城。知青中间,互相攻击、互相拆台的事随之而出,真所谓"千年情来万年意,真假只需一刹那"。当时我不理解,现在明白了,那就是竞争。

我这个人,一向与世无争。在学校里,不用"争分",学习成绩是自然而然的优;到农村了,不用"争名",劳动表现是自然而然的好;轮到回城了,不必"争先",却是自然而然的"后"。我一无后台,二无门路,有的只是沉重无比的"家庭包袱",所以只有老老实实地"修理地球"。知青越走越少,村里的干部也替我着急,为我去县城、去公社跑了好几趟。尽管当时的政策是"有成分论,不唯成分论,重在表现",尽管大队、公社的鉴定足以使我入党,但在招工的道路上,对我亮起的始终是红灯。

一次,南方一所大学来招收工农兵学员,大队、公社忙推荐我去了。起初,招生人员挺热情的,看了我的鉴定,又问了问我在农村的感受,还顺口夸了夸我的字体,拿出了一张表格让我回去填写。我想知识界的人对党的政策肯定比一般人理解得深，便满怀信心而又老老实实地填写清楚，递交上去。谁知，招生人员看着看着，脸色晴转多云了，立刻换了一种语气对我说："你先回去吧，我们研究研究再说。""研究研究"这个词，不知从何时起已成了一种特定的托词。一桶冷水兜头浇下，我的心颤抖了，头脑却清醒了。本来嘛，知识界的人也是要食人间烟火的，谁愿意为我这样"出身"的人去冒天下之大不韪呢！后来听说外村的一个女知青被招上了，她出身好，天生的"根红苗正"。

我父亲所在的单位也来县里招过工，而且政策上有一条是"子女优先"。那是个绝好的机会。但在当时，知青多，招工指标少，"后门"还应付不过来呢，当然也没人愿为我说话。好机会也不属于我！

那段日子，我不知是怎样打发的。只记得自己有时很伤心、很消沉，恨不得躲到深山里静静地死去。但有时却又遥望家乡，浮想联翩，幻想着奇迹出现，等待着上帝被感动。

偌大的一个院落，最后终于只为我一个人所有了。当送走最后一个女知青 F 后，望着我的"五好社员"奖状，看着大队、贫下中农给我的优秀鉴定，真是欲哭无泪，欲喊无声。只是觉得自己的脸、自己的心、自己的全身都像火烧火燎般的火辣辣地痛。那种痛，不是"劳其筋骨"的痛，睡一觉、歇一晌就能消除；那种痛，也不是"饿其体肤"的痛，吃一嘴、喝一口就能排除。那种痛，当时是无法形容的！

村里人陆陆续续来看我，陆陆续续地说些安慰的话。村干部说："要相信群众、相信党。"乡亲们说："想开些，这不怨你。"村里有些小女，尤其是房东的女儿素霞子，生怕我想不开，要来和我做伴。但我"却也并不愿意将自以为苦的寂寞"转嫁或传染给别人，便谢绝了她们的好意，独自在院里待了下去。

一个偶然的机会，我在县城的一个废品收购站发现了许多书，诸如外国的《战争与和平》《安娜·卡列尼娜》《复活》《悲惨世界》《九三年》《忏悔录》等，还有一些中国的古典名著《红楼梦》《儒林外史》等，真有"他乡遇故知"之感。轻而易举地得到了那么多的书，使我又一次泛起了对知识的渴求。

在学校时，我最爱看《红岩》《钢铁是怎样炼成的》《牛虻》和《斯巴达克斯》。过去我看书，大多是囫囵吞枣，食而不知其味。只有在经历了人生种种变故之后，我才逐渐地朦胧地看到了书中所展现的真实的世界，我也慢慢地认识到做人的根本道理。书，陶冶着我的性情，净化着我的灵魂，虽说当时还不至于"把酒临风，其喜洋洋则矣"，但却开始有了"宠辱皆忘，名利皆抛"的感悟。于是，我不再窝火、不再孤独、不再彷徨、不再消沉。后来在 1977 年的高考中，我取得了三市第二名的优秀成绩，不能不说也得益于在农村那一段时间的自学哪！

辣椒能催人泪下，也能使人开胃。生活中的辣，使人难受，令人难堪，但同时也能使人的中枢神经受到刺激，继而猛醒，继而发愤。

涩

1972 年的深秋，随着知青大返城的潮流，我也顺势回城了。在我的意识里，这无异于只拿了个"肄业证"，我的心是涩的。

离村之前，我到一些乡亲家里告别，印象最深的是去贫协主席家。他已病得水米难进，倒在床上起不来了，村里人说他得的是"噎食病"。挣扎了好半天他才说出了话："女呀……你受委屈了……得闲……来转转……"我的眼泪"哗"地流了下来，泪是涩的。这一走，我怕是今生今世也难再见到他了。

几个小女送我一程又一程，素霞子更是恋恋不舍，坚持把我送到县城。我俩特意到县城照相馆合影留念，摄影师照例让我们笑一笑，我咧了咧嘴，那笑是涩的。在素霞子的想象中，进了城就什么都好了，什么都有了。但爱幻想的我却清楚地看到冷脸和白眼、钉子和墙壁。

回城后的日子确实不好过。最后还是靠我弟弟的关系，我才在一家集体企业当了工人。

尾 声

回想当年，我并不期望再去体验或重温那段生活，但我却越来越强烈地希望再返伏牛，重踏那块曾使我感到迷惘与失落，却又给我增添了力量与信心的黄土，探望那些同我没有血缘却有亲情的父老乡亲。那是我的第二故乡！

我经历的工农兵学员时代

刘少才

工农兵学员是"文革"后期教育制度的特定产物。众所周知,"文革"开始后,高校停止招生数年。1970 年,国家首次招收小部分工农兵学员进入高校学习,拉开了高校恢复招生的序幕。从 1970 年到 1976年,国家一共招收了多少工农兵学员,笔者手中现无资料可查,但该阶段的工农兵学员起到高校人才承前启后的作用,这一点是不容忽视的。

我走进工农兵学员的行列

有人对当年工农兵学员上学那段历史不是很了解,以讹传讹,笼统地说"工农兵学员都是白卷先生,都没经过考试就上学的",这就有出入了。

我是 1973 年的工农兵学员,我所在的辽宁省原锦县谢屯公社历时半年多时间,经过层层选拔,内查外调,共选送 12 人参加考试,有 5人走进了高等学府。7 月初,我们 12 人由公社文教组一名负责人带队,进入县城，入住县第四小学的教室，吃饭统一安排在县招待所。7 月 7 日是高考第一天，全县参加高考的数千名来自各条战线的工农兵年轻人云集在县第一高中院内。给我印象最深的就是树下停着两辆救护车，让人一下子紧张起来，以致进入教室后的几分钟内紧张得无所适从。那时的考题都是由监考老师写在黑板上，直到看清黑板上那些我都复习过的题时，心才渐渐平静下来。

我是 1966 年小学毕业考入中学的，直到 1969 年我们这批人才正式进了中学的大门。开学的第一天，我们这届人又一下子步入中学四年级的行列，有人怕跟不上，就主动要求到三年级去了。1970 年，我们每人拿到一本中等学校毕业证书离开学校，算是高中毕业生。所以 1973 年招工农兵学员有一个文化标准就是初二水平，这样我们这批 1970 年毕业的学生就够条件了。

高考前的政审关是极其严格的，先由贫下中农推荐，必须是各行各业出类拔萃的人才，根红苗正，五代内社会关系绝对清白的贫下中农子弟（女），单位里绝对的积极分子。然后就是文化关，考场上虽然纪律不太严，后来有人交头接耳，有人大着胆子小抄。尽管如此，有些人还是抄不上，因为那时人的知识太贫乏了。我能够以全县最优异的成绩被当时的全国名校大连海运学院录取，是因为我 1973 年的正月初五就开始了复习，初一到初三的课程都自学到了。在这之前，我曾担任三年贫下中农中最信得过的小队保管员、村团支部委员。

半军事化管理的大连海运学院

大连海运学院一直被誉为"航海家的摇篮"，是全国著名的高校，曾云集全国各省的高才生和中央高干子弟。学院管理一直按部队军事化管理体制进行，班称区队，班级中最高的学生头称区队长，下设副区队长、学习委员、生活委员、体育委员、文艺委员等，管理的老师称指导员，指导员是来自部队的退伍军人，任支部书记。文化课的教员都是过去留校的高才生，唯有报务教员是部队复员的教官。我们100名报务学员分三个班，一名指导员，设一个支部。当年大连海运学院只有四个系：航海系、轮机系、电工系、无线电系，外加一个英语师资班，我们无线电系分通信专业（报务）和导航专业。院里除了有党委书记和院长外，还有工宣队和军宣队代表，系里也是如此。

入学教育安排了7天时间，组织学员参观旅顺日俄监狱和龙王庙万人坑，进行忆苦思甜教育。起床、就寝、早操都按军事化管理严格执行。开课不久进行了为期半个月的军事训练，使其更加半军事化。特别是1975年，辽宁省营口、海城发生大地震，辽河、浑河、太子河受到不同程度的破坏，辽宁省组织了全省的大专院校停课，修复受震堤防会战，大连海运学院被任命为旅大市民兵师第八团，我们通信专业被任命为第九连，我被选为连通信员，奔赴辽河岸畔，开始了我一生中最艰苦的劳动纪录。我们连100人分住在三个自然屯，30多户群众家中。由于辽河流域春季翻浆，加上地震的破坏，村路都变成泥路，我要起大早挨个点叫醒大家吃早饭，晚上又要等连部开完会才能睡觉，是全连睡觉最晚的一个。白天还要与同学们一样赶15华里的路程去大堤，一样扛草包，由于工作、劳动出色，所以那年我被评为先进民兵，全连只有5个名额。

中学起点的文化课

最初的文化课也叫基础课，是从初中一年级课程开始的，因为学员来自全国四面八方，有一个来自上海市的学员小学没毕业就去西藏当兵的，复员后上大学，是水平最低的一个。他不但连一元一次方程等术语一概不知，说出来的话更是白字连篇，不时引起众人发笑。大多数人入学前也的确没学过，但接受能力很强，只要老师一讲就能消化，这样的学员占多数。

文化课名义上是从基础课学起，但与中学按部就班的讲学却有着很大的差别，那是用一节课一个单元的速度讲授的，半个学期四个多月时间，就从初中一年级的一元一次方程式和三角函数讲到大学的微积分、高等数学。第二个学期就是物理课和有线电直到无线电专业课了。而英语是从 ABCD 等 26 个字母学起的。1974 年初受省里指示，我们又下乡到辽宁省黑山县进行法制教育，1974 年冬天到新金县进行"批林批孔"运动。1974 年秋去江苏省的无锡和常州两市开门办学，1976 年初到广州进行毕业实习。而在校时的下午几乎都是不上文化课，搞所谓的教育革命。无线电系在海运学院是小老弟系，又是课程最多的系，看到其他系缩学制让学生提前走上工作岗位也跟着效仿。我们最后 6 个月的报务课就只好昼夜兼程赶进度了。但是根据部队的训练法，怎么赶，报务课少于 6 个月也不行，因为这是工作时最基本的基本功。这样只好砍掉了其他的专业课，如导航知识、英文打字等课程。事过多年，当我们大学同学在一起回首往事的时候，都一致承认，报务课是玩命的课，的确可以用"两耳不闻窗外事"来形容，因为别的专业课都不考试，而报务课是两天一小考，三天一大考，报务教员完全按军队正规要求考核我们，我们每个人也认识到功夫不到家，毕业上船就无法胜任本职工作。

天方夜谭式的开门办学

开门办学的本意是向工人学习课本上没有的东西，实则是接受贫下中农再教育的翻版，最终被历史淘汰了。我们开门办学的是江苏无锡和常州的两家无线电工厂，上午进车间干打扫卫生，或用小刀刮电阻触点的活儿，这好比知青接受贫下中农再教育看着老农锄地，而只配给老农磨锄头一样。

下午，一般是由有经验的老工人或技术人员讲专业课，专业课是收发报机理论，这在计划中也是很重要的一门课程，可这样一门很重要的课却让老师当儿戏让给工厂的技术人员讲授。因为工厂技术人员是按他们的理解和逻辑来讲的，根本不了解我们学员的基础和感受。尤其是他们讲课都用的是江苏方言，当他讲得口干舌燥结束时问我们："大家懂了吗?"下边的我们大喊："懂了!"这只是为尊重人家的劳动成果，其实我们什么都没听明白。这纯粹是自欺欺人。你不懂，又没时间发问，一切按计划进行，工农兵学员朴实，又不能提出反对，谁敢反对开门办学这个新生事物? 陪同的专业课老师乐得清闲。可是，关键的课程谁都没懂，导致我们这些报务员在以后的实践工作中，对无线电仪器所出现的故障都不能做出快速的判断，总是在实践中摸着石头过河，经常是费力不讨好。其实，不论是在学校还是在工厂，不是学员不愿学，而是那时的制度不能让我们很好地进入学习状态，这是工农兵学员普遍的感受。

在广州的毕业实习也是如此，有一个半月是上船修理，可是有的人在这一个半月中连一条船也没上过，整天无所事事，上街溜达打发时光。只有最后的一个半月跟电台上机值班，或多或少听出点门道，也是毕业实习最大的收获。

从1973年9月1日入学，到1976年4月末离校，三年学制缩短了四个月，尽管这样，我们还是较其他系延长了三个月离校。

20世纪70年代，远洋运输正是大上马时期，人才奇缺，我们这批人有的不到两年就晋升为二级报务员，独立工作，所有同学不到五年都考取了一级报务员证书，成了远洋船报务主任。当然，由于专业知识差，个中甘苦只有我们自己知道。30 年过去了，当回首往事的时候，我们一致认为，工农兵学员的基础差，学习环境差，但是我们都渴望多学点知识。在工作实践中，我们靠自身的努力，为远洋事业做出了不可磨灭的贡献，得到了历史的认可。

至于说工农兵学员入学没经过考试，那是 1974 年以后的事了。1973 年的工农兵学员是当时社会上的拔尖人才，各级领导干部都很坚持原则，无后门可走。只是事情过后，不少人看出门道，上大学原来是这么容易，1974 年到 1976 年的招生中才大走后门，世风日下，为本来纯洁的工农兵学员队伍掺了水分。

插队散记

———

胡日刚

知青们割麦可就费了大劲了。不一会儿，胳膊就甩疼了，鞋前面被镰刀砍飞了花，腰已经不再是自己的了。面对厚厚的麦垄，手里的镰刀越来越不听使唤，割不下来就砍，砍不下来就拔，拔着更费劲还是得割。胳膊上扎满了麦芒，手上磨起了血泡，一些女知青用手帕包着手，血还是渗了出来。

1968 年秋，天津市为老三届（六六、六七、六八届初、高中毕业生）提出四个面向："面向工厂，面向农村，面向山区，面向边疆。"由各学校进行动员摸底，重点了解有谁愿意上山下乡。当时，毕业生面临的不同命运是：

留城市就业。仅限于城市户口的毕业生，主要分配到工矿企业、商业、服务行业和集体所有制单位，但是能有此幸运的极少。

应征入伍。这是最好的出路。在"全国人民学习解放军"的热潮中，军人的政治地位高于一切，而且生活全部供给制，没有后顾之忧。

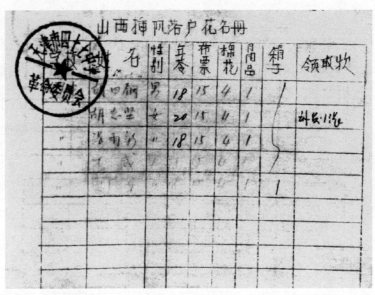

插队时学校留的花名册

但是，由于征兵名额有限，而且政审和体检非常严格，报名的挺多，真正能去的非常少。

"社来社去。"郊区学校农业户口的毕业生全部回农村社队。他们的工作虽然是务农，却能跟家人生活在一起，没有亲人别离之苦。但是，"社来社去"不算知青，不能享受有关知青政策，如安家费等。

加入生产建设兵团。这是上山下乡知青中较好的去向，仅次于当兵。行动集体化、工作军事化、待遇供给制，吃、穿、住、业余文化生活等不用愁，名称上还有个"兵"字。除了没有帽徽、领章之外，其他跟当兵没两样，挎着枪照相很神气。去兵团政审比较严格，亲属中稍有点问题的也不能去。

去农场，也叫插场。集体化生活，工资制收入，机械化或半机械化种地。除了离家远点外，跟分配工作差不多。近郊插队。七〇届以后基本是安排在城市近郊农村插队，离家较近，周日可以回家，而且后来建了知青点，基本上是集体化生活。

投亲靠友。回原籍或到外地农村与亲属一起生活。表面上看有亲属照应，但多数还是利益关系，白吃白喝是不可能的，而且亲戚很难像父母那样关照自己。

到外省市农村插队落户。其成员主要是老三届和六九届部分知青，也是真正"接受贫下中农再教育"的主体。

以上八项中，前三项不用动员，只能服从分配；后五项虽然形式不同，但意义一样，都属于上山下乡，需要经过动员。

上山下乡知青享受的待遇是：根据走的不同时间和所到不同地区，分别发给不同物品。去黑龙江建设兵团、军管农场的，统一发给被褥、服装、大衣、帽子等，享受供给制，发有工资、边防费等。去农村插队的，每人240元安家费，但不发给本人，由接收地区负责安排。其中120元是半年的生活费，半年后按参加生产队劳动情况和农民一起评工分分红；另外120元是建房费。按当时的标准，两个人240元可盖一间房，但几乎很少有给知青盖房的，都是临时安排在老乡家住，队里每年多给房东一些工分。给上山下乡知青个人发放布票20余尺、棉花票和纺织品券数张，需要买支边柜（行李箱）的，发给一张箱子条。去山西、河北的知青，每人供应香皂或肥皂2块、牙膏1支（免收旧牙膏皮），凭证优先照顾，但不作为保证供应的商品；电池供应，每人最多不超过4节，50厘米以上的人造革或帆布旅行包一个，布旅行箱一个，塑料布6尺。在物资紧缺的计划供应时期，能买到这些物品，已经是对知青的特殊照顾了。回原籍的按照"社来社去"精神，发给上山下乡批准书，赠给《毛主席语录》、像章，给予报销路费。去内蒙古插队的，每人发给一床棉被，后来还给每人发10斤粮票。

作为六八届的毕业生，我则到了山西省芮城县插队。

"洋学生"下乡处处怪

当时，芮城县的风土人情很独特：说话口音接近陕西渭南地区，跟电视里演小品的郭达极像；穿衣服还是用粗布做的大缅裆裤，不分前后；洗衣服时，将衣服泡湿，中间夹上皂角，放在石头上用棒槌槌；穿的鞋都是自己做的方口布鞋，不分左右脚，而且从来不刷，直到穿破为止；人们抽烟点火，还像原始人钻木取火一样，将棉花捻放在火石（能撞出火星的石头）上，用火镰（厚铁片）使劲碰擦，迸出的火星引着棉花捻，用来点燃火要子（用蒿草编成的草辫子），再用火要子点烟；冬天，女人们出门骑着毛驴，手上戴着棉袖筒，双手对揣着，或者用袖筒的一头堵着鼻子、嘴，真是一派乡野风情。还有顺口溜流传着："芮城县，八大怪：蒸的馍馍赛锅盖；擀的面条像裤带；好瓦房子一面盖；醋调菜，酸得怪；滚水泡馍美得太；人拉车，牛在外；女人头巾男人戴；十八九女子当驴卖。"

刚开始时，知青们看见什么都觉得怪怪的，总是问这问那的。社员们开玩笑说："你们'洋学生'把麦苗当成韭菜。"知青们也不示弱："你们乡下人进城找不着厕所，不敢过马路。"时间一长，大家都见怪不怪了。有的知青也剃光头、扎毛巾、穿缅裆裤，大队干部还表扬说，知青们去掉了"洋楼"，留下了光头，真正和贫下中农相结合了。渐渐地，知青们熟悉了这里的一切，也适应了这里的生活。

刚到芮城，最困难的是语言不通。我们说话人家都能听懂，但他们说话我们却分辨不清。一次，社员杨三学问我："你看我们这里密不密？"我问："什么密不密？"他说："就是好不好？"我才明白他的意思。连说："密！密！"还有一次，王军骑在牛背上喊："驾！驾！"牛就是不动，他又喊："前进！前进！"牛还是不动。有个社员不知道他是在出洋相，还认真地对他说："你以为它是人哩，还'前进''前进'的？你得喊'呆气！'才中。"

时间一长，知青们很自然地学起了芮城话。有人讲得很流利，也有人讲得半拉咯叽，像日本人说中国话。不过，要是真学会了也挺有意思的。后来，我渐渐地摸出他们的发音规律。一次，我去集市上买鸡蛋，问一位老大娘："您这鸡蛋一块钱卖几个？"她说："十位（个）。"我开玩笑说："哟，怎么这鸡蛋也跟同志似的，还一位两位的。"她说："你薛（说）的是个缩（啥），我就懂憋不哈（下）。"我大声说："你要的价钱太贵了，鸡蛋个儿太小了。"谁知老太太比我还爱开玩笑，她把眼睛瞪得圆圆的说："笑（小）？那是鸡哈（下）的又不是哦（我）哈（下）的，要是哦（我）哈（下）的，给你哈（下）的拓拓（大大）的。"

刚到村里时，全村 50 多个知青在一起吃食堂。没过几个月，因大锅饭不好管理，就分灶到各小队。后来还是吃不到一起，只好各自起火了。唯有我们生产队的知青始终坚持集体灶，直到大家全部被分配工作或调离。我们采取轮流做饭、费用均摊的办法，每天下工后做饭，一人为主，大家帮忙，每星期轮换一次。

做饭用的是大锅灶，需要一手拉风箱，一手添煤末或柴火；一人烧火，一人炒菜。知青们在家时基本上都做过饭，所以适应很快。口粮按月从队里领，每人每月 44 斤原粮，全是小麦，自己去面粉厂磨面。每次都先收些头箩面，留着擀面条用，剩下黑面蒸馍。有时队里也分些绿豆、小米、玉米等杂粮，但芮城不出大米，几年也吃不着一顿米饭。有的知青分的粮食吃不了，就卖掉，作为回家探亲的路费。我们生产队的知青因是集体灶，男知青饭量大，女知青省下来的粮食也被吃掉了，没有节余，但也基本够吃。

芮城是产麦区，主食除了馒头就是面条。通常早饭是馍馍、米汤

曾经喂猪、做豆腐时住过的窑洞

（稀饭），午饭是面条，晚饭是开水泡馍。我们队知青七八个人，每次要擀四五斤面，时间一长，人人都练成了手擀面的绝技。

蒸馍是做饭中最大的事情。每次得请一晌假，一下子用掉四五十斤面，做一次能吃上十天半月。芮城人蒸馍不用碱，只是把面肥泡软，放进面粉中，用水调成糊糊，叫作"调炸头"。等发酵后再擓进干面粉，就像呛面那样揉成馒头，然后放在热炕头上，让它发起来，再上笼屉蒸。蒸出的馍馍松软得跟面包一样，有酸甜口味，放在开水中泡不易碎，夏天放在屋里十天半月也不坏。过年时，家家都要蒸花馍，捏成老鼠、刺猬、猪、牛等样式。我吃过一个花馍馍，从头一年春节放到第二年春节，在窑洞的缸里放了一年，全都干透了，竟一点儿都没变味。

蒸馍的笼屉是用麦秆做的。将麦秆拧成股，用藤条缠绕，盘成高 20

厘米、像铁锅那么大的草圈，放在大锅上，搭上一个竹箅子，盖一块方席子，再铺一个用麦秆串成的帘子当屉布，抹点油，再放馍。就这样，放一个草圈摆一层馍，一锅至少要蒸五六屉。

芮城是丘陵地区，十年九旱。县城以东地势较平坦，水源稍好，县西吃水则相当困难，电影《老井》中的场面就是那里的真实写照。胡营村的井深27丈，有的地方挖了30多丈也没有水；杜庄的井深18丈（60米）见水，绞水的辘轳比特号水桶还粗，需要摇56圈才上来一桶水。井绳就跟我们在学校时拔河的绳子那么粗，一头系一个桶，一上一下，一人摇辘轳，一人坐在井口对面往下捯绳子。有时水桶脱落，还得请有技术的人用爪钩打捞。

芮城的水清醇甘甜，刚刚从井里打上来时，还可以冲鸡蛋喝，但就是水源太少。每到下工时，排队的人能把水桶摆满整条巷，要想不排队，除非在中午烈日下或者半夜去担水，遇到天旱时，每次只能绞上来半桶浑水。因此，很多社员家都有水窖：宅院都低于巷道，在院里挖个旱井，在院墙边掏个洞，下大雨时，把雨水从巷道引进去，猪粪、牛粪也跟着一同冲进去，平时就用这水洗衣服、洗脸。看起来旱井还有过滤的作用，里面常年存着雨水，竟然不变味。芮城"八大怪"中的"好瓦房子一面盖"，就是把屋脊弄成一面坡，外高里低，好让雨水都流进自己家的院子。岭上村自古以来打井都打不出水，祖祖辈辈喝的是水窖里的水。"中条山上不长草，山下老乡不洗脚"并非笑谈。在水贵如油的地区，不洗脚、不刷鞋，没人笑话，倒是知青们用井水洗脸、洗衣服，让人心疼。

因为缺水，所以也缺菜。地里只能种些旱地菜，如大葱、韭菜、白萝卜、南瓜、洋葱头等，要想吃点黄瓜、豆角、苤蓝等，得去三四里外的韩王涧或里庄涧买。社员家平时只吃点生蒜毫、腌韭菜、辣椒面和自已晒的豆瓣酱等，生活条件稍好的人家把辣椒面用油炸一下，困难的家庭只能用开水把辣椒面烫成糊糊吃，只有过年、过节或来客人时才买块豆腐，割点肉改善一下。至于西红柿、茄子等就更少见了，甚至买都买不到。一些知青吃不上菜，就去地里偷。一次，有个知青在夜里偷的韭菜撒了一路，第二天早上，他还在睡大觉，队长倒顺着他掉下的韭菜一直找到他的床底下。不过，他们对知青很宽容，最多也只是说说而已。

开春仨月是最困难的，有钱也买不到菜。最困难的时候，"盐和辣子也当菜"。就算这样也没有人叫苦，而且能始终保持着乐观情绪。但是，几个月下来，就坚持不住了。有的知青晚上出去，漆黑一片，啥也看不见，知道自己是患了夜盲症，只好给家里写信求援，要药要钱。

"人家咋着你咋着"

农村劳动多是粗重活，只要能吃苦，啥农活都能学会。比如：

挑担子。这是农村劳动的基本活，人人必须先过这一关。我们生产队的社员有二三十个小伙子，冬天都穿一身黑，夏天都是一身白，挑着担子走成一行，又整齐又潇洒，十分好看。可我们这些城市里长大的孩子哪受过这份累，挑起担子摇摇晃晃，像个醉八仙。一天下来，肩膀就肿了，疼得火烧火燎的，晚上都睡不着觉。好在我们上学时还参加过周围农村社队的劳动，经受过锻炼，对农活适应比较快，一周下来肩膀就不疼了。

犁地。这是庄稼把式才能干的活。队长派我去犁地，我便学着社员们的样子，扛着犁，牵着牛，走到地头，然后给牛套上犁，使劲甩着鞭子抽打着牛，不停地吆喝着："呆气！呆气！"我回头望望翻开的一道道曲曲弯弯的沟沟，不由得想起了电影《刘三姐》中罗秀才唱的歌："犁田耙地我知道，牛走后来我走先。"于是得意地将唱词改了过来，唱道："我走后来牛走先……"忽然，牛跌倒在地，无论用鞭子怎么抽它，它也不起来。旁边的社员看到后急忙说："别打！别打！"然后喊几个在附近地里干活的社员过来帮忙。只见他们扛着两根木杠跑过来，把杠子从牛肚子底下伸过去，用力一抬，牛就站了起来。我问："它是不是有病了？"那个社员说："是饿的。因为粮食紧张，规定一天只能给每头牲口喂半斤料（麸子或玉米），其他光靠吃麦秸。"

打那以后，我再也没有打过牛，尽管它走得很慢。有时，牛累得卧下来，我也干脆躺在松软的土地上，闭目享受着温暖和煦的阳光，闻着沁人心脾的泥土芳香，任凭大蚂蚁在身上爬来爬去。

收麦。对于农民来说，一年的辛苦全在收成上。"田家少闲月，五月人倍忙"就是在这个时候才体验到的。

丰收的季节，层层梯田换上金黄色的戎装，身着白色中式裤褂的小伙子和穿着蓝底白花粗布衣的姑娘们像繁星点点散落在金毯上。社员们一个个弯着腰，挥舞着镰刀，在麦田中一蹿一蹿地朝前拱，每人同时割三垄麦子，速度就跟我们平时散步差不多。"唰唰，唰""唰唰，唰"的割麦声，带着利落的节奏感，也透着社员们对丰收的喜悦。但是，知青们割麦可就费了大劲了。不一会儿，胳膊就甩疼了，鞋前面被镰刀砍飞了花，腰已经不再是自己的了。面对厚厚的麦垄，手里的镰刀越来越不听使唤，割不下来就砍，砍不下来就拔，拔着更费劲还是得割。胳膊上扎满了麦芒，手上磨起了血泡，一些女知青用手帕包着手，血还是渗了出来，而社员们早就割到地头，坐在那里休息了。看看自己眼前的麦垄，还是一望无际，再看身后留下的麦茬，一撮一撮的，实在难看，干脆一屁股坐在那里。这时，真是汗往地上洒，泪往肚里流，"谁知盘中餐，粒粒皆辛苦""足蒸暑土气，背灼炎天光""赤日炎炎似火烧，野田禾稻半枯焦"等名句一股脑儿涌上心头。有的社员看知青们割麦太费劲，就迎头来接。有人帮忙自己就更不好意思歇了，只好咬着牙拼命干。渐渐地，掌握了割麦的技巧，也学会了磨镰刀，可是麦子也都割完了。

积麦。即堆麦垛。割下的麦子需要捆成捆，运回场里堆成垛，待天气好并能腾出人手时再分批摊开晾晒、碾打。一次，队长派我跟老农德山叔和几个小伙子一起积麦，我很高兴地答应了。

每次码垛都是由德山叔负责，我们年轻人只负责递麦捆。每捆麦子重五六十斤，有的大捆足有七八十斤。刚开始是摆，后来是举，再后来是往垛上扔，再再后来就得用三股叉挑起来往上递。真像是高空挑滑车，又潇洒又好玩。不过，挑个十捆八捆算不了什么，要是连着挑上百十来捆，可就看出功夫了，那不是一般常人身体能顶得住的。麦垛码到一丈多高时，将最上面的麦捆解开、打散、盖严，成为圆顶，像口锅扣在上面。然后，再把麦垛下半截揪齐，弄成一个大蘑菇形状，既防雨又好看。场里"长出"几个这样的"大蘑菇"，也是农村一景。打麦时，再把垛扒开，分批晾晒，用牛拉着碌碡碾轧。碾轧后，将麦粒迎风扬起，让风吹走尘土和麦皮。碾过的麦秸可以喂牲口，也要随时积成垛，防止受雨变质。

我觉得码垛挺好玩，也爬上去跟德山叔一起干。他告诉我，摆麦捆要错开茬，让它们"咬"住；中间必须踩实，码到一定高度时，站在上面颠一颠，整个垛都颤，就说明成了一体，不会塌下来；最后盖在顶上的麦捆散开后，一定要盖严，不然，遇到大雨漏进水，就要吃出芽麦了。他还说："这没啥，庄稼活不用学，人家咋着你咋着。"听了他的话，我心里有了底。真干起来觉得也容易，没费多大劲就积好了一垛。

179

1978 年，在山西芮城县和农民一起种植药材

可是不巧，那一年偏偏下起连阴雨，沥沥拉拉地下了半个多月。天刚一放晴，队长赶紧派人将麦垛扒开晾晒，其他垛只湿了上面一层皮，唯独我码的那垛进了水，几乎四分之一的麦子都发了芽。我难过极了，可队里没有一个人责怪我。出芽麦磨出的面颜色发黑，蒸出的馍又甜又黏，像是没熟。有的社员就开玩笑说："这回你可以尝尝甜麦馍了。"

看一场电影走 30 多里地

在农村，最使人苦恼的就是枯燥单调的文化生活。那时候，很少有人家买得起收音机，我们只能坐在门口的石碾上听巷道的高音喇叭里播送的有线广播节目。那些节目除了新闻就是样板戏，《沙家浜》《红灯记》《智取威虎山》，人人都能跟着从头唱到尾，连道白都能一字不落地背下来，早都听腻了。下雨天出不了工，知青们就聚在一起打扑克。一次，我有幸认识了杜庄中学的张敏生老师。我从他那儿借了学校的一架手风琴，带回来，知青们聚在一起拉拉唱唱，总算是有了一点生气。

大家最渴望的是想看电影，可惜几个月也看不上一场，即使有，也是在阳城或大王集镇演。从杜庄到阳城 15 里，到大王集镇 18 里，都是走着去。那时谁都买不起自行车，去县城或者回家到风陵渡赶火车都要步行 40 多里，所以看电影走这点路就更不在话下了。电影全是在露天的场院里播放，夏季下午四五点钟，人们就得带着小杌子（小板凳）去占地方，一直等到天黑。去得晚了，只好站在老后头。有时赶上下雨，电影队的同志就打着一把大雨伞放映，人们站在雨地里也要把电影看完。放映电影用的是小机器，16 毫米的小片子，也都是《海港》《龙江颂》等样板戏，好不容易演《地道战》《苦菜花》等好片，还老断片，冬天看一场电影要断片几十次。一部电影同一天在几个集镇放映，就得一盘一盘地倒片子，有时只能放半截，眼巴巴地等着送片子来。

一次，我们听说大王集镇演电影，收工后，顾不上吃饭就赶去，那儿却早已是人山人海了：前边的坐杌子，中间的坐长凳，后边的站在凳子上，就连远处的墙头、房顶、树杈、麦垛上都是人。我和同村的几个社员只好站在老后头的一个高台上抻着脖子看。电影是阿尔巴尼亚的《宁死不屈》，这是难得的一次看外国片子，大家都被影片中的精彩表演和曲折的情节吸引了。想不到，一个 200 万人口的小国能拍出这么好的电影。回家的路上，大家还不停地评论着电影中的人物，激动地唱着影片中的插曲：

　　　　赶快上山吧，同志们！

　　　　我们在春天里加入游击队。

敌人的末日一定来临，

我们的生活充满阳光，充满阳光……

就为看一场电影，我们往返走了 30 多里路，还站了两个多小时，竟然一点都不觉得累，而且好几天干活都挺带劲。

"洋学生"能唱地方戏

芮城人爱看戏，不过不喜欢京剧。可是，在当时，要求人人学唱样板戏，不会不行。于是，大会、小会之前都要全场齐唱"临行喝妈一碗酒""提篮小卖拾煤渣"等京剧选段。只有在平时，人们才哼几句眉户（眉鄂）、蒲剧等地方戏。后来，县剧团将样板戏改编为地方戏，才敢于下乡演出。

听说县剧团下来演出，整个公社都沸腾了。远近二三十里的群众都涌向杜庄，几十年没有下过山的老太太都让家人用小拉车拉着赶来看戏。剧团的人对知青们可真照顾，不用买票，还把我们请到台上看。戏台子有一人高，就像是古代武侠打擂的地方。人们都站在下面看戏，里三层外三层的，不时地拥来挤去。戏台上两头各站一个人，拿着特长的大竹竿维持秩序，谁挤就棒谁。有时把下面的人棒急了，就跟台上的人夺竹竿，弄得人们哄堂大笑。戏唱到好时，台下人"嗷嗷"地叫，因为人们挤得太实了，无法腾出手来鼓掌。不过，知青们都是白去，一句也听不懂。只是因为听说过电影《窦娥冤》是蒲剧，才坚持把戏看完。最后，终于有一段眉户清唱"都有一颗红亮的心"听懂了，"李铁梅"刚一唱完，知青们就高兴地鼓起掌来。

正月十五，县里要闹红火，搞会演，杜庄大队也成立了一个宣传队。我跟王威、王军、贺小玲被选了进去。王威、王军和我编排了表现军民鱼水情的群口相声《三毛钱》，大受欢迎，还获了奖。我们房东文旭叔的女儿杨焕敏是宣传队的台柱子，嗓子又好，唱得又棒，演个老太婆真是像极了。跟着她，我们还学了几段眉户，如"采花""纽丝""岗调""勾调"等，可以临时顶个小角色。于是，"洋学生"能唱地方戏也成了新鲜事。

恢复高考亲历记

薛庆超

1977 年，大学招生将恢复考试制度的说法就开始广为流传。这种说法，实际上反映了人心所向。渐渐地，"传说"变成了国内各大报纸上刊登的"新闻"。1977 年 10 月 22 日，《人民日报》刊登了《就今年高等学校招生问题，教育部负责人答记者问》的报道，正式宣布了恢复高校招生考试制度的消息。

古人在论及人生大喜时，曾用"久旱逢甘雨，他乡遇故知，洞房花烛夜，金榜题名时"四句话来形容，其中有的比喻虽然不甚贴切，但也道出了一种人生体验。而 20 世纪 70 年代的广大知识青年在听到高等院校恢复招生考试的消息后，确实有一种"漫卷诗书喜欲狂"的感觉。

在此期间，关于中央恢复大学招生考试决策的情况也在广泛传播：

今年在研究大学招生问题时，教育部思想不解放，还在按照往年的惯例搞"群众推荐，组织审查，领导批准，学校录取"那一套，学生毕业后"社来社去，厂来厂去，哪来哪去"。邓小平一恢复工作，就自告奋勇抓教育和科技。他主持召开了一个教育工作座谈会，听取一些专家教授对于教育工作的意见。会上某大学一位老教授在发言中说：废除大学招生考试，搞"推荐"上大学这一套，败坏了党风和社会风气，使"走后门"的歪风大为猖獗，已经造成了极为严重的后果，必须尽快改革。其他与会同志在发言中也纷纷表示支持、赞成这位老教授的意见。邓小平听了，大为赞成。他问在座的教育部负责人，今年大学招生的文件下发了没有？教育部负责人说，已经下发了，今年来不及了，明年再说吧。邓小平非常干脆地说，全部收回，另外重新起草一个恢复大学招生考试的文件发下去。邓小平的话，掷地有声，一言九鼎，如电闪雷鸣，弹指间扭转乾坤。恢复大学招生考试就此成为定局。当教育部重新起草的恢复大学招生考试的文件报送到邓小平那里后，邓小平进行了仔细审阅，当他看到招生方法为"自愿报名，单位同意，领导批准，统一考试，地方初选，学校录取，省市自治区批准"后，连连问道：如果单位不同意怎么办？如果领导不批准怎么办？一边说一边大笔一挥，去掉了"单位同意，领导批准"这八个字。

……

从此，我和千千万万的青年人一样，满怀期望、义无反顾地投入到高考中。

高等院校恢复招生考试后的报名工作终于开始了。这一天，我早早吃过早饭，怀着紧张、渴望的心情来到了人民公社的大院。"莫道君行早，更有早行人。"只见公社大院里人山人海，围得水泄不通，犹如农村赶集的日子一般。从年龄上看，有拖儿带女的中年汉子，有怀抱幼儿的妙龄女子，也有十七八岁稚气未退刚毕业不久的中学毕业生。我当时22岁，在年龄上属于中等。由于缺乏组织，也可能是没有估计到会有这么多青年人报名参加高考，公社大院里的人潮不断地涌来涌去，一会儿涌到这个门口，一会儿涌到那个门前，经过几度推推涌涌，终于在一个门口排起了长队，每人在工作人员手中领到一份《高等院校考生登记表》，限一周内填好交回去。这么多的考生，自己能够考上吗？我不禁在心中为之怅然。但看到有的考生一拿到《高等院校考生登记表》，就迫不及待地以花坛为桌子，在报考志愿栏中写上了"青华大学"时，又觉得不免有几分踏实，心中笑道，就凭你们把"清华大学"写成"青华大学"的水平，就不一定能考上。

　　回到家里，在填写《高等院校考生登记表》中的"报考志愿"这一栏时，使我颇为踌躇。就我本人的特长和爱好而言，应当报考大学的中文系。但是，一是当时全国上下充满了"实现四个现代化，关键是科学技术现代化"的宣传，使每一个有志青年，无不愿在实现四个现代化的奋斗目标中贡献一份力量。我自己也认为，学习自然科学，毕业后当个工程师，通过自己的技术，可以直接为国家实现四个现代化贡献力量；而学习社会科学，毕业后对实现四个现代化的贡献是间接的，不是那么直接。当时社会上"一边倒"地倾向重视理工科，又"一边倒"地普遍轻视社会科学。我也未能超越当时的历史环境。二是人们普遍认为，学习社会科学容易犯错误，而学习自然科学则远离政治，比较保险。所以，实事求是地讲，在七七级大学生中，凡是报考文科的，基本上都是因为报考理工科没有考上大学的把握才这么做的。对于这一点，可能很多因为当时报考文科而现在成为社会各个方面领导干部、中坚力量、学科专家的人会不愿坦率地承认。但我认为，一代人的经历、一代人的思想、一代人的奋斗、一代人的追求、一代人的历史，还是真实地记录下来为好。三是家人、亲友和同学，亦都认为以报考理工科为好。在这种情况下，我认真思索、反复权衡自身的条件：如果报考文科，自己喜欢、熟悉，考上大学的把握比较大，学习起来也不太费劲；如果报考理工科，自己不喜欢、不熟悉，考上大学的把握连一点也没有；就当前而言，考上大学是第一目标，其他都是不值得考虑的。于是，我当机立断，不征求任何人的意见，自己做主，填报了第一志愿河南大学地理系、第二志愿郑州大学历史系、第三志愿洛阳师专中文科（系）。当家人、亲友、同学听到我说是文科后，无不表示惋惜和不理解，不约而同地问"你怎么报考文科了？"我微微一笑，不做解释。

紧张的高考复习开始了。所谓"复习"，应当说是重新学习更为恰当。为了解决当时没有课本、缺乏高考复习资料的问题，就找昔日的高中老师和同学想办法。常常是一个考生找到一份某科的高考复习资料，就用复写纸复写几份，分给众人，资源共享。大家拿到手就背，回过头看，也有不少笑话。比如一份高考数学复习资料的第一道题是：什么是数学？举例说明数学在阶级斗争、生产斗争和科学实验三大革命运动中的作用？在物理、化学等科的高考复习资料中也有类似的题目，只不过把数学变成了物理、化学等。

在高考复习中，我把重点放在自己的薄弱环节——数学上。其实我不是复习，而是从头学起。对着后来找到的旧课本上的例题，一道题一道题地演算。一开始，我还请了一周假在家全天复习。后来一想，如果将来考不上大学怎么办？还是继续参加劳动为好，这样即使将来考不上大学，也有个理由。但是业余时间复习有个不足，就是劳动了一天后太疲乏。常常在晚上复习一段时间就困了，于是就坐在床上背靠墙壁盖着被子复习，过了一段时间，瞌睡得不停地点头，于是在不知不觉中睡到第二天凌晨。所以，尽管我多次下决心要通宵复习，但是却一直没有熬过一个通宵。

在复习中，文科的内容我是作为次要问题处理的。由于没有课本，就是阅读背诵一些抄来的复习资料。政治科目的内容当然是当时最重要的政治——刚刚闭幕的中共十一大了。许多政治科目的复习题都是从中共十一大文献中出的。我历来不喜欢押题。于是，心一横，索性地把中共十一大上的《政治报告》、叶剑英所做的《关于修改党章的报告》、邓小平所做的《闭幕词》全部一字不漏地背了下来。心想，无论高考中政治科目出什么题，都可以回答出来。但是，又看了一些高考复习资料才知道，高考中的政治科目所包含的政治，还有哲学、政治经济学、中共党史等方面的基础知识。而我们这一代人初中、高中所学的政治，以及我们在这时所理解的政治，仅仅是高考中政治科目内容的一小部分，它的名字叫"时事政治"。我相信一条：没有死记硬背，就没有融会贯通。中国古代、近代之所以能够出那么多的大学问家、大思想家，就是由于他们自幼在私塾中死记硬背了中国古代历史、文化的精粹典籍，奠定了坚实的文化底蕴（犹如农民种庄稼前在土地中施足了底肥），到了青年、中年、老年，这种死记硬背形成的潜能，便发挥出巨大的能量，并转化为新的东西喷薄而出，产生出既源远流长又与时俱进的思想火花和思想体系。中国现代之所以缺少整个学术界公认的"大家"，其原因之一就是少年时没有人下这种苦读的功夫。当然，这种认识是现在的看法，当年并无此悟性。

于是，又开始背"什么是哲学""什么是政治经济学"一类的名词解释和基本原理。语文、历史、地理等科目，都是利用点点滴滴的时间复习的。语文是我的强项，根本不用多花时间。历史，虽然在初中、高中从来没有开过这门课，但由于平时酷爱读书，从各类书籍中了解不少。这时根据复习资料再系统整理归纳一下，又去母校请熟悉的地理老师介绍了一位历史老师辅导了一个晚上。这位历史老师大致讲了一遍以后，看我没有历史课本，就拿起自己正在教学用的历史课本，一边哗哗哗地翻着，一边用铅笔不时地在一些重要的地方画着黑线，然后说：这本课本你拿去明天看一天，明天晚上送来，后天星期一我讲课还要用，里面画线的地方比较重要，你要记下来。我连连点头，表示了谢意，拿起这本历史课本回家苦读了一夜一天。高考实践证明，历史老师这一"点拨"的效果是十分显著的。上了大学以后，我一直认为，自学、自修，无论读了多少书籍，学到的知识都是零碎的、片面的、非专业的，只有在老师指导下学到的知识才是系统的、全面的、完整的、专业性的。

在高考复习中，我还到两个中学听过一些中学老师的系统"串讲"，讲课老师均为该校公认的"名角"。往往是用半天时间把整个一门课有重点地系统通讲一遍，需要较高的专业水平和详略得当的讲授能力。记得曾听过政治和语文的"串讲"，教室里，讲课者滔滔不绝，妙语连珠；听课者聚精会神，听得津津有味；教师与学生完全融为一体，往往是课讲完了学生还不忍离去，围着老师问这问那。那种如饥似渴的求知精神，是自"文革"以来所未有的。

复习了一段时间，我找一位熟悉的中学数学老师测试了一下数学水平，令我十分失望。于是，我适时调整了复习重点，改为以文科为复习重点。我是这样想的，考试文科共有5门科目：政治、数学、语文、历史、地理。我如果坚持以数学为重点进行复习，结果会出现数学没学好，其他4门科目也丢了的局面，太划不来了。如果我改为以政治、语文、历史、地理为复习重点，数学次之，则会出现文科4门科目考得很好，只数学1门科目考得不好的局面，5门科目总成绩还会比较理想的。

在复习中，背功很重要。中国自古以来的考试，其实在很大程度上考的是考生的记忆力。所谓融会贯通，实际是以死记硬背为基础的。

在高考复习中，有一些亲戚、邻居的孩子与我一起复习。我发现经过4年的生产劳动，记忆力已大大下降，用则进，不用则退，真是一点不假。跟着我复习的几个考生都是刚刚中学毕业的学生，他们背起复习题来比我快得多，往往是一道题我背了几遍还没背下来，他们却早已经背得滚瓜烂熟，开始进入下一道题了。但是，我有一个优势，由于平时博览群书，基础知识深厚，知识面较为宽广，对于文科的综合性知识较为丰厚，并且由于平时读书多，许多知识在潜移默化中已经印在脑海中了。

在高考复习中，我有一个巨大的压力，就是老师、同学、朋友、亲戚、邻居等熟人都认为我一定能考上大学。他们大概是从平时感到我酷爱读书，什么书都读，自费订阅《参考消息》等事实出发得出的结论。而高考要考的是课本知识，我恰恰又是 4 年未摸过课本的考生。对于这一点，大家是不知道的。因此，我对自己的本领有多大是清清楚楚的，压力之大也是自然的。

高考的日子终于来到了。高考第一天，天寒地冻。我穿了一身什么衣服已经记不清了，只记得光脚板穿了一双白色塑料底黑布鞋，一只鞋前面露着大拇脚指头，另一只鞋的大拇脚指头处似露非露，一双手和一双脚都冻得通红。一位高中同学来同我一起去位于一高中的考场，临骑自行车时，我又从口袋里掏出政治科目的复习题，说：路上再背几道题。于是，我们又分别浏览了一遍政治科目复习题，一路上一边骑车赶往考场，一边口中念念有词地反复默背着政治复习题。俗语说得好："临阵磨枪，不快也光。"我是尽可能分秒必争，充分利用一切点滴时间。其实，其他考生也没闲着，都在手持复习题，找一个角落处，口诵心记不止。"决战在今朝。"这不仅是对我，而且对每个考生都是一样的。

第一场考的是政治。题目分名词解释、简要回答、论述题等几部分。为了确保"胜算"，我采取了答题时"多多益善"的方法，凡是自己掌握的内容，尽可能多写一些。有一道题问："毛主席对马克思主义理论宝库的最大贡献是什么?"按照标准答案,是中共十一大政治报告中的一句话"完整地创立了无产阶级专政下继续革命的理论"。我写了这句话后,又把中共十一大政治报告中阐述"无产阶级专政下继续革命理论"来龙去脉和主要内容的一大段也写了上去。来考场路上曾反复背诵的几道题是哲学原理中关于矛盾的普遍性和矛盾的特殊性方面的问题,试卷上竟然也有,于是大喜过望,一口气写了上去。由于写得太多,到后来时间已有些紧张。在回答论述题试论四个现代化之间的关系时,论述了以农业为基础以后,以工业为主导、以国防为保障、科学技术是关键等几个方面都只能是点到为止。到以后在大学执教,参加高考评卷时才知道,高考标准答案就是几个要点,只要"点到"就能得分,不禁为自己高考时的做法而暗自庆幸。

总之,面对试卷,真像见到了久违的亲人,大脑如同打开了闸门的高山峡谷,汹涌澎湃的思潮卷着浪花犹如飞瀑直下,其全神贯注,恐怕连天塌地陷都会不屑一顾了。一口气写了一个上午,直到宣布上午考试时间即将结束,才反复认真地检查了几遍试卷,交了上去。后来,一位是我妹妹同学的考生对她说:"我都感觉没啥可写,可是只见咱哥一个劲儿地埋头唰唰唰地往试卷上写,一会儿举手要纸,过一会儿又举手要纸……"

第二场考试是数学。面对试卷,我也感受到没啥可写的滋味了。前边的几道题简单一点,还能够做出来。后面的数学题一道比一道难,有的做了二分之一、有的只做了三分之一。心里简直凉透了。数学本来是我在高考复习中花费时间最多、付出精力最大的一个科目,可是由于初中、高中均未学好,仅仅靠"短促突击"是难以奏效的。

第三场考试是语文。对于这个科目,我在复习中下功夫最少,也没时间在这个科目上下功夫。只有凭着过去的基础上阵了。一般的语文知识尚且问题不大。但作文题目却使我有点紧张。本来，我在初中、高中都以文科擅长，写作文从来不在话下。细看作文题目，共有两个，一个是《全面落实抓纲治国的战略决策》，另一个是《我的心飞到了毛主席纪念堂》。前一个是议论文，后一个既可议论也可抒情。几经踌躇，我选择了写前一道题，但毕竟多日不写文章，有点手生，不是一气呵成。总的来说，作文写得还可以，但总觉得没有写出自己的真实水平，有些遗憾。其实，写到一半时，就想改写《我的心飞到了毛主席纪念堂》，因为平时读中共历史和毛泽东生平的书籍很多，对毛泽东一生的理论与实践早已了然于胸，如果以《我的心飞到毛主席纪念堂》为题，夹叙夹议，历数毛泽东一生的辉煌业绩和历程，会是一篇很生动的作文。但开始写作时，仅仅考虑没有到过北京、没有看到过毛主席纪念堂，而没有选这个题目。其实，全国的考生成千上万，当时真正到北京实地看到过毛主席纪念堂的能有几人，恐怕是屈指可数、寥寥无几。

　　第四场考试是史地。即历史、地理两科合在一起考。拿到试卷，几分钟内，犹如风卷残云，快刀切瓜，势如破竹，先把填空题、简要回答题扫荡一空。然后十分从容地做完了所有论述题。记得在地理科目中还有一道可做可不做的附加题，大约是为了考查考生的综合知识，大致意思是发现大庆油田的科学依据是什么？我就按照自己了解的李四光的地质力学理论，说明根据一般的地质学理论，只有海相地层（远古是海洋，有微生物沉积物）才可以生成石油，陆相地层不可能生成石油，李四光的地质力学理论打破了这一传统思维定式，得出了陆相地层也可以生成石油的结论，按照这一理论，终于发现了大庆油田。考试以后给地理老师说起此事，他连连问道：我过去在地理课并没有讲过这些内容，你是怎么知道的。我笑着答道：平时读书较多，自然而然就知道了。在历史科目的论述题中，有一道题是问第二次世界大战爆发前英美国家是如何对法西斯德国实施"绥靖"政策的？这道题在当时有现实意义，指西方国家当时拼命想把苏联霸权主义引向东方，使其把攻击矛头指向中国，而西方则可以坐收渔人之利，这种"祸水东引"的"绥靖主义"做法的结果将与英美在第二次世界大战以前的"绥靖主义"一样，只会损人不利己，搬起石头砸自己的脚。回答这道题觉得可以稳操胜券，因为对于世界近现代史、对于俄国十月革命前后特点和第二次世界大战前后的世界历史比较熟悉，又读过美国人写的《第三帝国的兴亡》（即《纳粹德国史》，这本书在"文化大革命"时期属于内部读物）等著作。古人言"读书破万卷，下笔如有神"，真是一点不假。对这个问题熟悉，写起来就会文思如潮，得心应手，挥洒自如。先从 1933 年希特勒在德国上台写起，又写法西斯德国重整军备，一步一步走向发动世界大战的道路，而英国首相张伯伦、法国总理法拉第则步步退让，奉行"绥靖政策"，幻想诱使法西斯德国进攻苏联。希特勒看到西方国家软弱可欺，遂大胆向西方开刀，第一步吞并奥地利，第二步侵占苏台德区、肢解捷克斯洛伐克，第三步进军波兰，第二次世界大战就此爆发。结论是，英美各国搞"绥靖主义"，是玩火自焚，目光短浅，缺乏长远战略眼光，结果是搬起石头砸自己的脚。最后，还结合 20 世纪 70 年代的国际形势和中国的外交政策，进行了一番理论联系实际的阐述。

　　高考以后，是一段令人永远难以忘怀的在焦虑不安中苦苦等待的日子。

　　我一向比较沉稳持重，考虑问题从来不敢以顺利的一面为出发点，总是从困难处考虑，往最好处努力。对于高考成绩，许多考生都是按照自己的主观愿望去估计，往往因估计过高而欢天喜地，似乎就等着领大学录取通知书了。我却没有这么乐观，在估计高考成绩时总感到数学考得不好，会把总成绩拉下来。每天白天参加劳动，晚上便在我家旁边的河堤上散步，心中的那种焦虑、盼望的心情非亲身经历而难以体会。等了一天又一天，盼了一夜又一夜。终于，一个全市停电的夜晚，我似乎已经睡下了，突然听到门外有人喊我的名字。急忙起床打开门一看，原来是读高中时的地理老师赶来了。他说：你已经被大学录取了，是哪个大学还不知道，一听到消息我就急忙赶来给你报信，今晚全市停电，路上还从自行车上摔下来一次……说完，地理老师不顾伤痛，又骑着自行车给其他中榜的考生报信去了。地理老师的真挚情谊，使我十分感动。从考上大学到今天，每逢回家乡，我都要首先去看望地理老师。

　　不久，我就进入河南大学，成为恢复大学招生考试后的第一届大学生。往事尽管已经过去了 20 多个春秋，但每当回忆起来，仍然觉得历历在目，记忆犹新。

我的读书，我的高考

——纪念七七级大学生毕业 30 周年

沈晓昭

岁月如斯，不舍昼夜。转眼间，我们这批"文革"后恢复高考的第一届大学生，毕业也已经 30 年了。每每回忆起读书和参加七七年全国高考的往事，无不心绪难平。我们这一代人，很不幸地经历了许多原不该经历的事，也很幸运地经历并见证了一个新时代的开启。

1977 年，怎一个难忘了得

"文革"十年，全国每年有 300 多万中学毕业生，可大学的校门却是紧闭的。"文革"后期，部分大专院校开始陆续恢复招生，这可能是源于毛主席当时最新指示的一次讲话。那时县里的高音喇叭里天天一遍又一遍播放着，我现在仍能倒背如流："大学还是要办的，我这里主要说的是理工科大学还要办。但学制要缩短，教育要革命，要无产阶级政治挂帅，走上海机床厂从工人中培养技术人员的道路。要从有实践经验的工人农民中间选拔学生，到学校学几年以后，又回到生产实践中去。"那时的招生办法是：自愿报名、群众推荐、领导批准、学校复审。这些通过特别方式进大学的学生被冠以很有特定时代感的称谓：工农兵学员。在我的印象里，这样的学员要么根红苗正，要么得有特别的家庭背景。

1977年5月，邓小平几次尖锐地指出中国教育让他忧虑的现状："同发达国家相比，我们的科学技术和教育整整落后了20年。科研人员美国有120万，苏联90万，我们只有20多万，还包括老弱病残，真正顶用的不很多。""我们要实现现代化，关键是科学技术要能上去。发展科学技术，不抓教育不行。靠空讲不能实现现代化，必须有知识，有人才。没有知识，没有人才，怎么上得去？科学技术这么落后怎么行？""要经过严格考试，把最优秀的人集中在重点中学和大学。"说这些话的时候他还未正式恢复工作。

一个月后，教育部在太原晋祠组织召开了第一次全国高等学校招生工作会议。会议批判"白卷英雄"，但对中国教育"两个估计"等未能有所跨越，基本上还是维持当时的招生办法，只是建议招收占总数1%~5%的应届高中毕业生。因此，在教育部向国务院报送的《关于全国高等学校招生工作座谈会的情况报告》中所附《关于1977年高等学校招生工作的意见》仍然维持"自愿报名、群众推荐、领导批准、学校复审"的十六字办法。虽然提出了"重视文化程度"，也提出了考试，包括笔试、口试，但仍强调"不要凭一次考试决定弃取"。若依此执行，千百万优秀青年仍将被拒于大学校门之外，特别是那些当时公认的基础比较好的"老三届"（特指六六、六七、六八三届初中、高中毕业生）很可能永远错过圆梦的最后机会。

历史正处于进退和变革的临界点。

伟人之伟大，除有挽狂澜于既倒的力量和勇气，还在于能因应时势，站在时代的风口浪尖，及时调拨历史前进的方向。在紧要关头，恢复工作不到一个月的邓小平于 8 月 4 日在北京饭店组织召开科学教育工作座谈会。这是新中国历史上具有划时代意义的一次会议，中国教育的新时代也就是从这里拉开了序幕。会上许多专家、教授对当时的招生办法提出尖锐的批评。小平同志在听取了几位学者的发言后问"今年是不是来不及改了"，当听到与会者都说"还来得及，但可能会推迟一些"时，小平当即指出，"既然大家要求，那就改过来"，并批示立即追回此前已送出的报告。他坚定地说："今年就要下决心恢复从高中直接招生，不要再搞群众推荐。从高中毕业生中直接招考学生，我看可能是早出人才，早出成果的一个好办法。"小平同志话音刚落，全场报以长时间热烈的掌声，也是压抑了多年、期待了多年的掌声。据说当时在场的好几位学者已是老泪纵横。

恢复高考的消息很快就不胫而走，人们奔走相告，最早在北京，后又传向各地，有信的也有不信或不敢信的。8 月 13 日，同样也是在北京饭店召开了第二次全国高等学校招生工作会议。一年之中、一月之中召开两次关于全国招生工作会议，且会期长达 44 天，这在新中国历史上可是没有过的，这也是我们这批恢复高考的第一批考生比接下来的七八级学生仅早半年入学的原因。

恢复高考是"文革"结束后中国教育必须面对的拨乱反正，但邓小平让这一时间至少提前了一两年。这一两年在漫漫的历史长河中可能微不足道，但它在某一特定的历史时期对一个国家，对一个特定的群体可是改变命运的时刻。

1977 年 10 月 5 日，中共中央政治局会议讨论了全国招生工作，邓小平、叶剑英等领导接见了出席全国招生工作会议的代表。10 月 12 日，国务院批转了教育部《关于 1977 年高等学校招生工作的意见》。值得一提的是，《意见》是经过小平亲自修改审定的，他还针对"政治审查"一项特别指出原表述太烦琐，而改为"重在个人的政治表现"。《意见》指出：凡是工人、农民、上山下乡和回乡知识青年、复员军人、干部和应届毕业生，符合条件的均可报名。同时强调，考生要具备高中毕业或与之相当的文化水平。恢复统一考试，录取原则是德、智、体全面衡量，择优录取。这意味着文化知识不再是反动的，也意味着积压了十年的几千万中学毕业生最起码可以做大学梦了。那段日子里，学习之风、高考之风吹遍了中国大地，1977 年冬季和 1978 年夏季报考大学的人数达到了空前的也应是绝后的 1160 万。刚从十年灾难中支撑起沉重身体的、有着 9 亿多人口的泱泱大国，面对突如其来的高考浪潮，竟然拿不出印刷高考试卷的纸张。据说中央毅然决定动用国库中备印《毛泽东选集》第五卷的纸张。这听起来是何等的让人心酸，又是何等的动人心魄！可它竟然发生了，而且是发生在 1977 年的中国。

多少年后，受惠于小平才真正有了读书权利的那一代人，深切地回忆起这段往事，无不动情：1977 年的中国，没有冬天。

读书，曾是心底里的痛

在那个年代里，童年的我和很多人一样并不是个爱进学校、读课本的人，倒是好看闲书，特别是那些劫后余生的书，不论它有多破烂。加上因成分不好所受的歧视，更让我怕进学校。那时常在想不知什么时候就会被举家清扫出城，没了城市户口，也会没了书读。为此我常着意锻炼光脚走路，就想走出脚茧，将来做一个像样的农民。父亲也备好了一套木工工具，准备到农村做个木匠。家境，使我们兄妹几个过早地从精神上负起对未来命运不定的忧思。想上学但又怕进学校。假期最快乐，可以暂时抛开很多烦忧，特别是同一帮所谓"异类"同伴一起，远离了

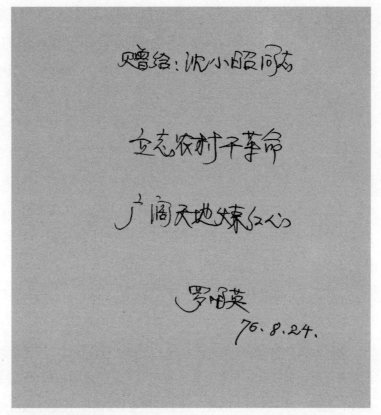

图为笔者邻居赠送的笔记本扉页赠言

歧视。可一开学就心慌。原因是每次报名都要填表，揪心的是要报家庭出身。学生报老师填。我们常遇到的是，老师问："什么成分？"伴随心的狂跳，总觉着这一问大声得十里外也能听到。我们说："反革命干部。"这是父母教的。老师眉头一皱："哪里有反革命干部？是什么成分就报什么成分！"赶上个别老师，还不接受我们的小声嘟囔，必须大声报出"奴隶主"。接下来常是同学的起哄声。后来我和我哥学乖了，报名时猫在没人处，等到人最少时再快步冲去。

老师常教育我们这样的学生：讲成分，但不唯成分，重在政治表现。家庭出身不能选择，可走什么样的路是可以选择的。要勇于思想改造，从灵魂深处爆发革命，自觉地同剥削阶级的思想做最彻底的决裂。为此我也努力地争取，但不管在班里做多少好事，如擦黑板、扫地、帮老师做家务，可总也得不到一句表扬的话。当时，每周六下午下课前，班主任按惯例要宣布本周表现好的学生。这时，我总是双手叠放在桌面上，挺直胸膛，两眼专注于班主任（因为老师说这样的坐姿最有可能得到点名表扬），但没有一次受到表扬。班主任每次总要加上一句话："当然，还有不少同学也很优秀，在此就不一一点名了。"我就想，老师说的未点名的好学生里，一定有我。搞"三忠于""四无限"活动，同学们轮流手持语录给毛主席站岗，那可要成分好的才行。从少先队员到红小兵、红卫兵，都是赶上学校搞全班一片红时才破例当上的，学校也忘不了派人到家里告知："你们的娃儿实际上是不合格的……"

　　那时想得也很简单，能不被开除，毕业后到农村当个农民，就算好的结果。而大学只是从书本上和长辈那里听来的故事和传说。"文革"后期，组织上对一些职工的成分做了一次重新识别，我这才搞清楚，到我父亲那辈时已远算不上什么"奴隶主"，只勉强够得上"劳动者"，即汉族地区的"中农"。为什么弄错？是因当时认为所谓的"黑彝"即"奴隶主"。当拿到正式"文件"时，父母那一个激动，可我真是百感交集、哭笑不得。"文化大革命"是整个国家、民族的灾难，是历史的悲剧，也是我们童年心底难以抚平的伤痛。那些经历也培育了我性情里多少有一点叛逆，也让我把学校和家庭外的世界，视为可任由我发挥和撒野的天堂。

　　很多年以后，回忆起这些，我并不能从内心真正原谅我的学校和老师。因为，即便是处于当时那样的特殊年代，我也没遇到和感受到人性中应有的宽容和善良，特别是从老师身上。成分不好和家境困难，这样

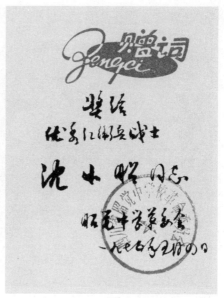

笔者高中时被评为"优秀红卫兵战士"，图为奖品
笔记本扉页

的学生在学校和老师眼里，是没有什么地位可言的。在那个物资匮乏的年代，即便成分不好，但哪怕你家中有从事卖煤、米、油、肉等物资的，或者是开货车的，都能得到学校和老师格外的青睐。

在那段苦不堪言的日子里，我恨那些家境比我好的，或在学校里受老师宠信的人。虽然在学校里很老实，但在校外我也算是有点名气的捣蛋鬼，常和那些人家的孩子打架，或砸人家里的玻璃。记得刚有"的确良"白衬衣时，没钱买，但羡慕别人穿。一次放露天电影时，我同一个伙伴用给猪打针的针筒吸满一筒的墨水，趁天黑时对着天空就喷射出去。人说，怎么下雨了？抬头看天，还是满天的星星。电影放完打开大灯时才发现，白衬衣上全是点点的墨水。接下来是一阵阵狂骂。但心里那个开心，觉着总算出了口恶气。对穿"的确良"裤子的则采用在礼堂座椅上抹柏油的办法，类似的事常干。

1977 年 12 月普提知青合影，三排左二为笔者

　　记得在初中、小学近七年的学习中，我唯一得到的一次表扬是参加学校组织的"支援三秋"劳动，也就是帮助农民收水稻。我劳动是没问题的，割得又快又好，得到生产队长的夸奖。在生产队长这位贫下中农的干预下，我获得全班唯一的"支援三秋积极分子"称号。虽然学校和老师并不认可，但由于有毛主席"贫下中农管理学校就是好"的指示，贫下中农的话，学校不敢不听。或许是进入高中时，大环境有些变化，学校在对待学生成分问题上似乎有松动，再加上我的班主任赵宪辅老师曾是我父亲的同事，在我已开始具有反抗和叛逆行为时，我竟突然间"红了"，不但当了平生最大的"官"——"小组长"，还被评为"优秀红卫兵战士""三好生"。初中时写了超过一百次的入团申请书也没当上团员，高中一份申请很快就入团了，竟然也出过"严重扰乱课堂秩序"而未受到任何批评和处分的事件。我们这代人小时候家里买不起玩具，玩具都是自己制作的，从泥人、泥枪、竹枪、竹炮，到自制火药手

枪。我自制的火药枪打死过邻居老奶奶的下蛋的老母鸡。火枪用的火药是自制的，是从电影《地雷战》一句台词里学来的"一硝二磺三木炭"，用此比例配出火药。一次可能是撞针出了问题，枪一直是哑火的。上语文课时，闲得无聊，拿出枪在书桌的抽屉里扣着玩，竟然爆炸了，连枪管都炸飞了。全班都惊呆了，我吓傻了。一阵沉寂后，便是同学们的哄堂大笑。因我脸上除了眼睛和牙是白的，其他全黑了。班主任瞪着牛一样的眼睛把我狠狠地盯了近一分钟。我想这下完了，不开除也得受处分。没想到，不知什么原因，没受到任何批评。我非常尊重我的高中班主任，是他给了我在学校里从没有过的自尊和自信。我也没有让他失望，他教的语文课，我成绩总是不错，高考时我的语文考得也很好。高考我们班考上了七个，在全校排名第一。班主任后来升为教务主任，可能也是因为此。

上山下乡，重新燃起的希望

1976 年高中毕业，因没有条件留城，便搭上了上山下乡的末班车。那时觉着这是天经地义的事，也是自己的宿命。生产队的东风 – 28 型拖拉机把我们十多个"知识青年"颠簸到离县城仅 3 公里的一个叫普提的村子。我们的到来使原本平静的山村顿时像过节似的热闹。可能是因为管知青的干部同我父母有同事关系，我被安排在年终收益分红最好的第三生产队。队长叫"克巳"，意即说话结巴，但人非常好。他结巴着用自豪的口吻给我们三位"知青"介绍：本队去年一年干下来平均每天是2 毛 9 分钱，如你们干活好，除去分到的口粮以外，一年还能拿到四五十元的现金，还说明年说不定能到 3 毛钱一天。当他知道我和他是同族时，还用彝语小声对我说，好好干，争取能推荐上大学。"上大学"着实让我心里一动，尽管它太渺茫了，可毕竟在我茫然的心境里挤进一线模糊亮光。

我努力劳动，也很快同贫下中农们打成了一片。我一年的工分是全公社一百多号知青中最高的，当然其中有不少是因我们队的记分员竟然不会算术，他经常在夜色里拎着算盘到我的土屋里让我给计算工分，算完后总忘不了当着我的面在记分册上给我加上三四分，赶上农忙还会多一些。那时平常日子一个全劳力男人 13 分、女人 8 分。天晓得他过去是怎么给大伙儿记工分的。队长没有食言，我一年下来真的分到近 80 元的现金，那可是我有生以来最感奢侈的时候。而所分的粮食，除去上大学按规定农转非所要交够的以外，到我大学毕业家里还有我挣下的谷子。

那时有一部电影《决裂》，其中一个情节，说的是一位青年农民被拒于大学校门外，一位领导到农村听到农民们指责大学还掌握在资产阶级学术权威手中，以及招生中"走后门"等，使真正的工农兵子弟难以上大学的控诉后，拉起那位青年的手看了看，然后举起来大声说：凭这手老茧就有资格上大学。结果这位青年上了大学。这以后，劳动中手上每打一个血泡，虽火辣辣地疼，可心里那是个满足，因农民说老茧是反复的血泡形成的死皮，我常想：要攒多少个血泡才有一手能上大学的老茧呢？

高考，寒冬里的春天

恢复高考的消息传来，就如同冬日里吹起一阵春风，激荡着许多已近枯萎的心。虽然人们对如何考试、能否考上都一无所知，但它仍如同向死水里投入一块巨石，每个人的心再也难以平静下来。知青们心散了，也难以保证出工了，生产队有意见，反映到公社。无奈之下，公社破例发了个通知，报考大学的可以回城一个月，且不算旷工，但强调不

笔者珍藏的大学校徽

报考的仍要坚持按时参加劳动。可通知一下来，全公社一百多个知青呼啦啦地没有留下一个。县里也没有想到一下冒出这么多的报考生，那时几乎全县都动起来了，每个单位、每个家庭、每个角落，谈论的都是考大学。那是一个多么激动人心、永远也难以忘怀的冬天，一个让人忘却严寒的冬天。

可接下来怎么考、怎么复习、从哪儿找课本谁也不知道，更谈不上有辅导材料。在辅导课堂，老师也是一脸的茫然，甚至对我们说："我是为了完成这个政治任务，我不知道怎么辅导，反正你们当中一个也考不上。"事实是当时谁也不知谁能考上，可谁也不愿放弃这突然冒出的、可能改变命运的机会。后来才知道，当时的录取率非常低，七七级的录取率大约是 4.8%，在一些人口大省如黑龙江是 1%，四川可能更低了，真是千军万马过独木桥。那时"你有旧课本吗"几乎是逢人就问的话。记得我们那儿的一个知青，不知从哪儿弄来一本"文革"前的数学课本，如获至宝，怕被发现，就用牛皮纸包上，皮上还写上"毛泽东选集"，在田间地头总也拿着。让大伙发现后被一知青夺过来就一阵狂奔，他硬是哭着追出了二里地。多少年后，想起这事心里还有些酸楚。

在准备高考时还有一插曲，即在知青中开始了招工，但规定报考大学和报招工只能选其一。那是一个非常艰难的选择。招工意味着可立即自立，考大学又越发感到没有把握。考虑到家庭的负担，左右权衡我决

作者大学时的借书单

定忍痛放弃高考，家里怎么做工作也不行，最后父母只好把远在外县的舅舅们找来，连夜开家庭扩大会，架不住了只好要求父母承认"我是为你们考的"，父亲说"就算你是为我们考吧"。家庭会议，又在最后一刻决定了我的未来命运。

那时的高考不是全国统一出题，而是各省自出题。就今天来讲，那考题是出奇的简单，而且我竟然猜中了好些题。如语文考试会考毛主席的诗词《蝶恋花·答李淑一》；地理会考在中国地图上填写省会城市及主要的山川河流；还会考中东由哪些国家组成；等等。考分在当时是不公开的，但从州委宣传部长那里打听到我的语文、史地、政治考得都不错。史地还是我们那个考区最高的。但数学极差，才 21 分。

终于等来了发榜的日子。全州第一批上榜的好像有 54 人，其中 3 个彝族。真是几家欢喜几家愁，我为很多成绩比我好而没能考上的伙伴惋惜，自己也暗自庆幸。那时的情形难以言表。有意思的是我们那排房有 11 户人家，当初那房是给县里的科级干部们住的，由于挖地基时发现那里曾是座坟地，而且是傍临政协，没人愿去了。大概是县里临时决定把有问题的人家都从县委大院搬出，集中一处，旁边就是公安局，也可能是便于管理。不承想到这里一下考上 4 个，全是回城应考的知青，而且都是全国重点大学，这概率不说在当地，在全国可能也是少见的。所以事后有人就说，原来埋人的地方就是风水好。

笔者大学时的饭票

　　等待通知书是难挨的日子。记得那是个寒冷的傍晚，全家人围拥在火盆边，突然房门被重重敲响，来人是我父亲的同事，他高喊着"是四川大学"，还嚷嚷要酒喝，如同古时中科举时的报信人讨要喜钱。全家沉浸在快乐之中，但接下来又是极度的冷静。传看完录取通知书，谈论的不是别的，而是全家人字里行间寻找学校里吃饭要不要钱。几经争论后父亲下结论：通知上写有带上碗筷，看来吃饭是要交钱的。

　　怀揣20元钱，背着背包、拎着饭碗，怀着对未来的希望和几分忐忑，在亲友的祝福和勉励声中，我踏上了大学之路。一个时常在想，可连梦都不敢做的事就这样实现了。

大学，播种未来的田野

　　成都的初春还是难耐的阴冷，但学校里却是如沐春风。

尽管那时的四川大学同全国其他大学一样，还没有完全从"文革"中真正站立起来，但在许多教授的身上可以看到中国一代知识分子的可贵人格。他们可以不计较个人得失或荣辱，只求社会对知识的尊重，只求他们的精神所得能传授给那些渴求知识的人。那时的学习氛围非常好，老师认真教，学生努力学，"把被耽误的时间夺回来""为中华的崛起而读书"，是当时最动人，又最具时代感的口号，也是那时校园里的真实写照。

我当时算是我们七七级学生中最小的一拨，班里大部分是被称作"老三届"的学生，他们大多拖儿带女，肩扛着家庭和岁月的重负。他们吃着食堂里最便宜的饭菜，但学习是最刻苦的，他们比谁都深感学习的来之不易，是抓住人生最后的大学机会在拼命读书。我的大学四年是经常伴随他们借着从窗外透进的月光翻看课本的柔声入梦的。真正能诠释出"老三届"们的经历、感受是很难的，他们经历了很多本不该经历的事，但他们把这一切都视作他们的财富。后来社会对几届大学生的评价，说七七、七八两届是最优秀的，实际指的应是这些"老三届"们。人们也把七七、七八、七九三届称为"中国新三级学人"，他们是那个特殊年代起着承前启后作用的一代人。如今他们中许多都成了各方面的专家、学者、领导和骨干，在社会各个领域里发挥着他们的作用。

1984 年 9 月 30 日的深夜，在北京大学发生了一件会让历史记住的事情：北京大学生物系的六名学生用布头代替毛笔写下了"小平您好"的条幅。第二天，当庆祝新中国成立 35 周年科技游行队伍行进到天安门前时，他们忽然打开藏在鲜花里的横幅向全世界展示，历史被定格于那一时刻。在事后的采访中他们动情地说：我们都有一个共同的心愿，要向党表达当代大学生对知识分子的赞美，向制定这些政策的党中央表示我们的敬意。没有喊习惯的"万岁"，而是亲切、平和发自内心深处的一句"您好"，这也更拉近了伟人和民众的心理距离。这种赞美也是知识界的共同声音。

我曾见到一位 30 年未见的老同学，她说当时想谁能上大学，也不会想到你能上大学。我和她可能是人生际遇的不同。因此我只能一笑置之并在心里说："所以说我是真心地感谢邓小平，是他改变了这一切。"

经过几代人的努力，如今的中国已更加强大，人民生活更加富裕。中国人正以前所未有的自信迈向未来。我常在想，如果真的有天堂，小平一定也在打理着属于中国人的那个世界，并祝福着他所热爱的祖国和人民。

我的 1977 年

———

赵敏俐

我是 1977 年恢复高考后的第一届大学本科生，正是那次考试改变了我一生的命运。如今已经整整 30 年过去了，但那次高考前后的事情仍然历历在目。

从"半拉工"到民办教师

我于 1954 年出生在内蒙古自治区赤峰市喀喇沁旗西桥乡西桥村，那是一个偏僻的农村。我 1960 年上小学，那时农村孩子上学普遍较晚，一般都在 10 岁左右，上学的基本条件就是能从 1 数到 100，而我在 6 岁之前早就会背小九九了，所以在班级里虽然年龄最小，却很受大人的夸奖，学习也很用功，老师们认为我是一个好苗子，说我将来一定能考上初中，说不准还能考上高中或者大学。母亲更是对我充满了期待，希望我将来能够学有所成。哪想到 1966 年小学还没有毕业，"文化大革命"就开始了。正当我们准备考初中的时候，上面突然来了消息，说以后不再进行升学考试，而是要推荐选拔。于是，我们那个班里有 5 名家庭出身好的学生被推荐上了初中，其余的学生都被送到生产大队办的农业中学。我因为"家庭出身不好"，连农中也不让读，只好回家去种地。到了 1969 年，上面传来新的指示，说是要全国各地的中学生"复课闹革命"，我们这些本来早已经回家种地的"学生"，又被召集到当时的西桥中学，成了这个学校的第一届"高中生"。1971 年底，经过两年半的学习，我们就算"高中"毕业。大部分同学都响应毛主席的号召"广阔天地，大有作为"，回到农村"种田闹革命"了。我自然也不能例外，虽然瘦小，却不能再做"半拉工"，而是咬紧牙关与同龄人比高低，看谁种地种得好，锄地锄得快，赶车、扶犁、扬场、铡草，渐渐地农活样样都成了好手，满手的老茧又厚又硬，成为一个地地道道的庄稼人。这期间，曾经有过两次推荐工农兵上大学的事情，对于我这个"家庭出身不好"的人来说，简直就是天方夜谭，连想都不敢想。

"文化大革命"打碎了我这个偏僻农村青年的上学梦，虽然名义上已经是一名"高中生"，实际上连真正的初中水平也没有，"高中毕业"后，我知道自己这辈子的书已经念到头，也就彻底断了上学的念头。但是，毕竟读过几天书，体会到了学习知识的快乐，所以，当了农民之后，明知道这辈子再也没有上学的希望，还是没有放下书本，有空就要"看闲书"。当时我的家乡把与农业劳动无关的读书都叫"看闲书"；有不务正业之意。我当时读书的想法很简单，第一是读书可以给我带来好多乐趣，第二是从书中还能学到一些科学知识用于指导我的农业生产。所以，白天到生产队劳动，我总带着一本书，休息的时候别人都去打扑克，我就把书掏出来看；晚上在昏暗的煤油灯下，也总是看到很晚才入睡。农村读书人少，书也很少。我读的书很杂，几乎是遇到什么就读什么。有幸的是我大哥上过初中，我就先读他的课本；邻居张连庆家里有他伯父 20 世纪 50 年代上学时留下的高中课本（那是我们村里"文革"前仅有的一两名高中生之一），这也成了我难得的学习材料。书虽然已经很旧了，但是我仍然看得津津有味，不管是语文、数学、地理、历史，还是物理、化学，能读懂的课本我都读过。当然，读的最多的还是小说，古典小说如《三国演义》《水浒传》《红楼梦》《聊斋志异》《三侠五义》《三侠剑》等，更多的则是中国现当代小说和苏联小说，比如《青春之歌》《吕梁英雄传》《林海雪原》《创业史》《三家巷》《红旗谱》《烈火金刚》《苦菜花》《青年近卫军》等，我还读过鲁迅的《呐喊》《彷徨》等集子，他的好多杂文，也给我留下了很深的印象。渐渐地我在读书中得到一些好处。首先是我读的那些关于农业生产方面的书，比如怎样防止小麦全蚀病，如何配制农药，等等，对我的农业劳动有直接的帮助，有时候把这些书中学到的知识给乡亲们讲上几句，他们慢慢地觉得我是一个有知识的人，不再经常批评我"看闲书"。记得在上"高中"的时候，有一次同学黄金友从家里拿来一本杨公骥先生的《中国文学》（第一分册），我就把它借来读了，以我当时的知识水平，这本书基本上还不能读懂，好在书里所引用的《诗经》等古诗古文都有现代汉语译文，借助这些译文，我大致了解了一点中国古代文学方面的知识，培养了对古代文学的一点兴趣。我当时不知道杨公骥是什么样的人，只是感觉到他是一个大学者，要不然怎么写出那么深奥的书来呢？没想到十几年之后我竟成了杨公骥先生的博士研究生，这也是一种缘分吧。到了 1976 年，西桥中心学校缺少民办教师，他们就把我要去教书。这对"家庭出身不好"的我来说简直就像登天一样，让我不知道有多高兴。当时想，如果这辈子我这个民办教师能够一直当下去，也就心满意足了。

"幸运者中的幸运者"

到了 1977 年 11 月初的某一天，我突然从广播听到，接着在报纸上也看到了恢复高考的消息，更让我喜出望外的是，这次高考的政策是不唯成分论，重在个人表现，这意味着像我这样"出身不好"的青年，现在也可以参加高考，有上大学的机会了。我甚至不敢相信这是真的。本来上大学是我过去从来不曾做过的美梦，现在的消息却在我的心里掀起了巨大的波澜。我想去报名，但是却没有自信，原因有两个，第一，大学在我的心里是神圣的，我知道自己的水平不行，虽然名为"高中生"，充其量是初中水平；第二，我"家庭出身不好"，不可能迈过政审这一关。可是我又想，如果放弃这次报名的机会，也实在太可惜，万一政策真的变了呢？经过几天的犹豫，最后我才下了报名的决心，心想即便是考不上，我毕竟为此而努力过，以后也就不会后悔或者遗憾了。拿到了报名表我才发现，原来自己对高考一点也不了解。我不知道专科与本科有什么区别，也不知道应该如何填报志愿。为此我去请教我的一位中学老师，他告诉我，填报志愿应该先选容易考上的学校填，然后再填难一点的，把最理想最难考上的学校要放在最后面。老师还告诉我，只要你成绩考得好，国家会首先把你录取到最好的学校去。因为我的家乡在"文革"期间被划归为辽宁省，而我当时又当上了民办教师，于是，我的第一志愿就填了辽宁师范学院（辽宁师范大学前身）中文系，第二志愿报了辽宁大学汉语言文学系，第三志愿是吉林大学考古系（现在想起来有些荒唐）。我当时只知道师范学院是培养教师的，至于辽宁大学汉语言文学系学什么，吉林大学考古系到底是怎么回事，毕业以后干什么，根本不清楚。我的想法很简单，只要能上大学，哪一所学校都可以，所以最后又填了"服从分配"。

等到复习的时候，我才发现问题更多。本来在这个偏僻的乡村我们知道高考的消息就很晚，从报名到考试只有一个月的时间，根本来不及复习。更何况，我们也没有任何复习考试的资料，除了知道考试的科目之外，也不知道每门试卷要考什么。我手头只有过去学过的一些"高中"课本，于是就只有以此为基础来准备。那时我正担着六年级两个班的数学课，另外还兼着一个班主任，白天根本没有时间复习，只有到了晚上，才能把这些旧课本拿出来看一下。当时民办教师中报考的人很多，校长怕影响学校的正常教学，所以一律不准我们请假复习，而我自认为考试没有多大希望，这一个月宝贵的时间也没有很好利用。到了考试前一天，教研室主任刘家良对我说，今天的课已经上完了，你就先回去一会儿，准备准备明天的考试吧。第二天我走进了考场，把考卷拿到手，才发现考题并不太难。但是，由于准备不足，有些紧张，每张试卷答得都不太理想。第一张卷子是语文，记得当时的作文题目有两个，一是《在沸腾的日子里》，二是《谈青年时代》，任选其一。我先选了第一个题目，本来觉得有好多话要说，可是下笔时大脑却一下子成了空白，一句话也写不出来，耽误了好长时间，急得满头大汗。无奈只好改写第二个题目，匆匆忙忙，话语颠三倒四，手都有些颤抖，写完后连检查一下错别字的时间都没有就交卷了。数学卷里一个证明平行四边形的题，本来很简单，最终还是没有做出来，也让我非常懊恼。历史和地理是一张卷，其中有一道题是在地图上标出辽宁省几个主要城市的地理位置，很简单，可是我只知道沈阳和大连的位置，其他几个城市如抚顺、鞍山、辽阳、本溪等，具体位置都让我搞颠倒了。考试结束后，我估算了一下，每门课平均下来也就是一个及格分。唉，像我这样"家庭出身不好"的人，就是成绩很好也不会考上，何况我考得这么差，就算是人生有过一次高考的经历吧。回家不久，我就把考试的事情淡忘了。

哪想到一个多月之后我突然接到通知，要我到 18 公里以外的一个叫乃林的地方去参加体检，体检回来还没有到家，学校里已经传来消息，说我的成绩已经上了本科录取分数线，我所在的西桥中心学校已经把我的政审材料做好交了上去，又过了十几天传来了更好的消息，说我被辽宁第一师范学院（沈阳师范大学 1965—1978 年的校名）录取。在我的家乡所在地西桥公社，当年共有 150 名考生报考文科，100 名考生报考理科，文科考生只有我一个人被大学录取，理科也考上一名。录取通知书由公社里的一位老师到 50 公里外的县城开会时顺便带了回来，他说要亲手交给我，顺便想看一下赵敏俐长个什么样子。于是我一下子变成了西桥公社的名人，成了乡里第一届高考的"文科状元"，许多亲戚朋友都来祝贺。开学那天，母亲把我送出很远，我的几名同事，还有我在小学时的班主任邹本瑞先生也亲自把我送到公共汽车站。即便是到了这个时候，我好像还在梦中一样，不敢相信自己能够考上大学。我当时一直感到奇怪，本来我的第一志愿报考的是辽宁师范学院，为什么却被辽宁第一师范学院录取了呢？记得上学后的第一次集体活动，学校组织全体新生看电影《大浪淘沙》，进行革命理想教育。在班会上，班主任首先告诉我们的就是要好好表现，说如果发现哪位同学表现不好或者发现他有什么政治问题，在半年时间内还可以让他退学。我本来就对我能考上大学有怀疑，这时候心里更加惴惴不安，总觉得是录取的时候老师看错了我的档案，没有发现我的"家庭出身不好"，说不定哪一天他们就会发现我，让我退学，我要有这样的心理准备。因为这样的事情在我的身上已经发生过两次，一次是我上农中的第一天因为"家庭不好"被撵了回去；另一次是亲戚托人把我送到一个农场去劳动，到那里干了一星期的活，他们听说我"家庭出身不好"之后就把我辞退了。所幸的是半年过去了，这样的事情没有再发生。后来我的老师赵喜范告诉我，我们这批考生都是他与老系主任田泽长先生亲自去录取的。特别是我与另一名来自赤峰市的学生，是因为格外加了名额才被补录的。对于我的情况，他也很清楚，他知道我的"家庭出身不好"，这也正是当时辽宁师范学院没有录取我的原因。但是我四门课的成绩考了260多分，在当时算是高分数，又当过民办教师，在政治上没有什么问题，所以最后还是把我补录了。以后我才知道虽然第一年高考的政策是每个适龄青年都可以参加，不唯成分论，重在看个人表现，但是"左"的思潮在当时还有很大影响，有好多考生都因为"出身不好"没有被录取。在中断了11年的高考之后，有幸成为第一批大学生的只是极少数，因此我们这批人当时被人们称为"不幸中的幸运者"，而我又认为自己是这批"幸运者中的幸运者"，这辈子我永远都要感谢邓小平同志。

幸福的大学生活

当时的辽宁第一师范学院校址在辽宁省朝阳市郊区的一个山沟里，地名叫边杖子。学校的前身是沈阳师范学院，是因为国家备战的需要于1965年从沈阳迁到这里来的，从山下中文系到山上数学系，要翻过五个山头，号称是十里校园，条件非常艰苦。许多学生到校后抱怨说这里的条件太差，而在我看来，这要比我家里强多了。第一次给家里写信的时候，我就把这里的条件作了诗一样的描述，大意是说校园很大很美，生活也很好，每天可以吃一顿细粮，每星期可以洗一次澡，还可以看一次露天电影。因为在上大学之前，家里每年都有半年的时间吃不饱肚子，要靠土豆、地瓜等充饥，洗澡更是连想都不敢想的事情。能够有这样的读书条件，我感到特别幸福。当然更重要的是这里有我过去根本就没有见过的世界和没有接触过的老师同学。对我这个来自偏僻山区的学生来说，大学里的一切都很新奇，图书馆里有看不完的书，老师们个个学问渊博，同学们个个才华横溢。我每天都处于兴奋与不安当中，兴奋的是自己能和这些人在一起读书学习，不安的是生怕哪一天自己会被撵回去，直到半年以后我的心情才完全平静下来。记得当时校园里流行的口号是"把'四人帮'造成的损失夺回来"，读书学习的风气很盛。我这个来自偏远落后山区的学生，有很强的自卑感，自然想尽快地赶上别人，学习更是特别的勤奋。我本来在农村就养成了早起的习惯，这时候更是每天很早就起床，到校园操场上去读古诗、背外语，晚上直到熄灯的时候才从教室里回来，天天如此，于是有的同学就说，我们几个来自赤峰的学生学习太刻苦了。我对他们的话感到很奇怪，在我看来，在教室里看书学习比起在家里面朝黄土背朝天地劳动来轻松多了，何苦之有？半年之后，我们的学校又从朝阳迁回沈阳，校名也重新恢复为沈阳师范学院，条件也好了许多，我自然更没有艰苦的感觉。就这样经过四年的努力学习，毕业之后，我直接考取了本校的硕士研究生，师从伍心镇先生学习先秦文学。硕士研究生毕业后，我又直接考取了东北师范大学的博士研究生，师从杨公骥先生学习先秦两汉文学，顺利取得博士学位。1987 年底毕业后，我先去青岛大学工作，1997 年又调到首都师范大学工作至今。

高考改变命运和前途

1977 年恢复高考改变了好多人的命运，甚至改变了一代人的命运。上大学之后我逐渐了解到，在我们一个班四十多人里，除了少数几个应届毕业生之外，大多数人都经历过坎坷。即便同样都是"文革"前的老高三毕业生，每个人的遭遇也不完全一样：有的家在农村，早已结婚生子；有的家在城里，下乡一待就是十年；还有的后来当了钢铁工人、煤矿矿工、民办老师；等等。这些人当中，又有相当大一部分人的家庭有过各种各样的所谓"政治问题"，而我只是他们当中的一分子，我们有着共同的时代遭遇。不过，对于我这个来自中国偏僻农村最底层的学生来讲，1977 年恢复高考还是有着与其他人不同的一些感受和意义，在这个过程中，我深切地体会到农村的闭塞和教育的落后。据我所知，在我上大学之前，我们那个有 3 万人口的公社里还没有一个大学生，"文化大革命"之前，村里的孩子大多数都是念到小学毕业就结束，很少有上初中的，高中生更是凤毛麟角。这里面有经济的落后，也有观念的落后，更有教育水平的落后。回想小学老师教我的知识，真是少得可怜。到了大学后我才发现，原来我在小学时学过的好多知识，老师都教错了，需要重新纠正（当然我还是非常感谢我的那些小学启蒙老师）。如果不是我在农村中多年坚持读书，即便是恢复高考，我也不会考上大学。当年与我一起参加高考的，起码有几十名来自西桥公社各学校的民办教师，他们全部名落孙山，可见当时乡村的教育水平。所以，当时一个乡里有 150 人参加文科考试，最终只有我一个人考上本科（还有两个人考上中专）也就不足为奇。而我，也不过考上了一所极为普通的省属高校。农村许多人本来就认为读书是无用的，"文化大革命"时期农民们更加认为读书无用。所以，1977 年恢复高考，对当时偏僻落后的农村来说还有更深刻的意义，乡里出了一位大学生，这对他们是一次教育和震撼，原来大学对农村来说也不是遥不可及，读书还是有用的。虽然农村孩子考上大学需要付出更多的努力，能够上大学的比例远远不及城市，但毕竟是一条重要的人生出路。此后，在我的家乡读书蔚然成风，几乎年年都有人考上各类学校，特别让我感到惊奇的是，在最近三年，我们那个偏僻的乡村每年都有一个考上北京大学或者清华大学的，这被当地人视为奇迹。正是高考制度的恢复，使一批从农村里走出来的大学生，靠读书学会了各种技能，走上了各种工作岗位，走向了全国甚至世界各地。知识改变着他们的生活，同时也改变着他们的命运和前途。

我的 1978 年

———

石玉新

一位作家说过，人生的道路虽然漫长，但关键的只有几步。一个人如此，一个国家也是这样。1977 年 10 月 12 日，国务院批转了教育部《关于 1977 年高等学校招生工作的意见》。被中断了 11 年的高考制度恢复了，极大地改变了百万青年的命运。而我，就是这百万人中的一个。

一

那是一个深秋的黄昏，开全厂职工大会。二百来号人席地坐在一间大屋里成排摆放的条木上，少量科室人员集中在前几排，多数宰牛、宰鸡车间的工人麇集在后面；我在锅炉房上中班，听命封火赶来开会，蜷在会场角落"卷大炮"；空气中充斥着明显的腥臭味和呛人的卷烟味。从中就可以看出我们厂的性质、规模、条件和我本人的处境了。厂革委会主任在大讲了一通学习、生产后，顺便念了念那份关乎我、关乎千万青年人命运的国务院文件。本来无心开会、借机歇气养神的我，一下就怔住了。

两分钟之内我就下了决心——一定报名参加这次高考!

1966 年 6 月"文革"爆发时,我正在石家庄铁路中学上初二。我从小学习就好,家教也严。小学五年级,我获得石家庄市小学生作文比赛第一名;上初一时就被选为校学生会学习部副部长。但这些都毫无作用,因为我有"原罪"! 20 世纪 20 年代,我祖父拉家带口从保定老家来石家庄"发展",在现在的民族路开了一座五间门脸的商铺,字号"三合涌";新中国成立后,爷爷和父亲被定为资本家成分,买卖就"公私合营"了。在那个年月,"资本家"这个词就是块大石头,压在我和我们全家人的心上! 在 1968 年夏天"毕业分配"时,我被"发配"到食品公司牛羊禽蛋批发部——就是屠宰厂。

我曾写过一部 20 多万字的长篇小说《斗牛士》,书中那个主人公的遭遇,在很大程度上是以我的工厂生活为原型。我先是在屠宰车间,杀牛宰羊,手工作坊式的强劳作;后来被调到"生产重地"锅炉房,比原先的工种每天要多流许多臭汗。但我样样工作都干得非常出色。在那知识贫乏的年代,我阅读了想尽一切办法找到的书,差不多都是"文革"中被批判为"封资修的东西"。有四本书对我当时乃至一生影响都很大:《钢铁是怎样炼成的》《牛虻》《红与黑》和《水浒传》。

我找到厂办室报名参加高考,全厂近百名青年中仅我一人。那位主任拉着长腔说:"哎呀,你不太符合条件吧。人家要高中毕业或相当高中毕业水平,你好像初中都没上完吧。"我沉稳地回应:"我考上了,就相当高中毕业;考不上,就相当完小毕业。"主任说:"那也不行! 你26 岁,超龄 1 岁了。""文件上不是放宽到 30 周岁吗?""那要确有专长,你有什么专长?"我在厂里可以说是多才多艺,写一笔好字,拉一手好琴,摔一把好跤,参加市里比赛还取得过名次,于是便说:"要不,我从家把小提琴拎来，你是听《云雀》还是《白毛女》？"眼看事情要僵，革委会主任插进话来："好事，这是好事，让他试试。中央这么大的举措，咱们厂没个人报名，显得不好不是？"

1977 年 12 月 10 日，我早早来到事先安排好的十二中考场。校门口非常热闹，十几面彩旗迎风飘舞，几百名考生人头攒动，大喇叭播放着雄壮的歌曲："我们年轻人，有颗火热的心，革命时代当先锋。哪里有困难，哪里有我们，赤胆忠心为人民……"壮观的场面和热烈的气氛，使我本来就提着的心越发狂跳不已。从报考到考试，只有四十几天，初冬是我们厂的大忙季节，我不但照常上三班倒，还经常加班加点；工余时间就全用来复习，说句泄气的话，高中课本还没找全呢！

后来我看到一份资料，全国参加这次高考的考生有 570 万。想来其中大部分都跟我的情况差不多，相当一部分可能还不如我。因为我居然通过了初选！

这次高考是恢复高考后唯一一次在冬季举行的，而且不是全国统一考试，各省自行命题、考试和录取，这样就难免出现难易、宽紧之分。我是一名最基层的考生，根本不可能知道省里定的取舍标准。但一到政审，我的心就凉了大半截。到现在我也不清楚，我之所以最终没被录取，是复选时分数较低，还是政审时出身不好？填报志愿时我首选的是河北师范大学地理系，那年该系从文科录取，我喜欢地理，而且听人说河北师大地理系是非常有名的。落榜后我曾骑车到师大兜了一圈，摸了摸地理系楼厅里那个硕大的石质地球仪。

二

铩羽而归，我不免沮丧，但表面上依然我行我素，一副若无其事的样子。

　　我准备结婚了，日子初定在十一。我对象姓曹，跟我一个厂，小我两岁半，我们恋爱四五年了。五一期间，我俩到北京逛了逛，买些衣服、被面准备办事用。我大哥是北师大毕业，一直在北京一所中学当语文老师，长我13岁，见面后大哥问我今年还报考不报考，我说没想好，考的话恐怕还是名落孙山。他开始劝我，并透露了一个使我震惊的信息："今年是全国统一高考，政审只注重个人政治表现，所有考生的家庭出身都从规定的三项中填报一项：工人、农民、干部。"——这就是说，强化了二十几年的家庭出身的政治色彩被取消了。

　　天时地利，千载难逢，我还犹豫什么呢？

　　在北京期间，我自己的结婚用品一点儿没买，置办衣服、皮鞋的钱全买了书，都是世界名著。那时还没有后来满大街都是的"高考复习资料"和"高考指南"，不然我肯定买回得更多，连小曹的嫁妆钱也得挪用，就这还请她支援了几十块呢。书太多，拎不动，到土产门市部花五毛钱买了个小竹扁担，挑着回来。

　　我大哥很有教学经验，给我传授了许多复习方法。我悟性较高，能够举一反三，自己总结出四句口诀：全面掌握，重点突出，以纲为纲，争分夺秒。文科要考的六门，政治、语文、数学、历史、地理、外语，这都要复习到，没学过的要现学，不能觉得哪门不行就放弃了。但是，我不可能样样精通，上初中时学的那点儿数学、外语，早就忘得差不多了。现学现考，肯定不灵；这两门，学还是要学的，然而不可耗费太多气力；要把有限的时间和精力用在自己比较熟悉的文、史、地上，靠这三门提分，政治这门把握不大，努力到取中即可。"以纲为纲"是我自己才能理解的一句话，有本《1978年高考文科复习大纲》，薄薄一册，六门俱全；我大哥来信说，考题范围会有七八成出自《复习大纲》，能将里面的内容熟练掌握，考及格没问题。于是我就将《复习大纲》中文、史、地、政四门所有的复习题都做了一遍，少数找不到答案的先空着，密密麻麻抄写了两大本，各有一寸多厚，之后就再不用东跑西颠地到处借还课本了，就捧着两大本答案，白天黑夜地死记硬背，也不知这么干灵不灵，心里一点底也没有。

为了多争取点时间复习，我主动要求这两个月包下大家都不愿上的后夜班，零点到早8点。上班猛干三个钟头，从凌晨3点到早7点基本无事，可以用作学习，况且夜深人静，没有任何打扰。白天休息一整天，任我自己掌握，睡上四五个小时就够了。那时年轻，体力充沛，精力旺盛，白天黑夜地连轴转。陈景润琢磨数学走路撞上电线杆子还道声对不起，我那时走路背书掉井里淹死的可能性都有，掉下去还得说这小黑屋怎么不开灯，整个人都处于痴迷状态了。

那年文科考试，如不是报考外语专业的考生可以免试外语。一开始我不知道，头一个月将很大的气力用在外语上。上初中我学的是英语，早忘光了，现学又寻不到课本；亏我有一位懂点儿日语的朋友，此时便从他那儿借来一本《基础日语》，没有老师，硬着头皮自学，一点儿一点儿往下啃。实在啃不下去了，就去请教厂里一位在日伪时期跟日本人做过买卖的老职工。老头儿在"文革"中给整得挺惨，见我来请教，有些紧张，拉我到没人处小声问："这没事儿吧？小石，咱平日关系不错，你可别坑了我！"我说没事没事，您辅导青年学习，厂里知道了还得表扬您呢。老头儿还是心有余悸，每次我去讨教，他都关上窗户插上门，俩人嘀嘀咕咕，一人整一身大汗，弄得跟地下党接头对暗号一样。跟小曹在一起的时候，我也忘不了练习日语，一会儿冒一句"阿娜达"，待会儿又冒一句"哇来哇来哇"，弄得小曹一个劲儿眨巴眼，生怕我日后落下毛病。

我最难忘的一件事是我父亲给我送烟。父亲母亲生育养活我们兄妹

10人，一辈子安分守己，老实巴交，历经坎坷，受尽苦难；因家庭出身问题让孩子们受委屈而内疚，更加小心翼翼地尽其所有地给予关爱。我说"小心翼翼"，是看得出来父亲唯恐触动儿女们的抱怨与情绪。父亲心细得很，我想这些事情他不会没有耳闻，更不会没有心受。多少年来，我一直很怕读朱自清的散文名篇《背影》，因为文中那位身材矮胖、说话和气、虑事周详、殷殷嘱托的父亲的形象，太像我父亲了。每次读《背影》，我的心情都很沉重，难过大半天。父亲不抽烟，也反对我们弟兄染此嗜癖。但在我复习备考的日子里，他两次给我买烟，每次都是两条"墨菊"，这对我来说已相当奢侈。父亲怕打扰我，总是轻来快走，两次都留下同样一句话："考上就不要抽了啊。"我父亲是1987年病逝的，20年来，我无数次地梦见他，梦见他给我送烟，暗紫色烟盒的"墨菊"，小黑花那么翘翘着；梦见他慈祥地对我说"考上就不要抽了啊"，眼神充满无限爱怜……这时我便会从梦中惊醒，泪流满面。

高考的日子一天天临近了，我的拼搏已进入白热化状态。我知道，这是我最后一次机会，没有"以后"了。要么圆了自己的大学梦，从此开始崭新的生活；要么在这个小厂子继续耗下去，日复一日地推煤清渣烧锅炉。这个翻天覆地的变化，全凭自己这一搏了。我头一次有了自己把自己攥住的感觉。

三

7月上旬的一天，1978年高考开始。

我是下后夜班直接从锅炉房赶到三中考场的，将昨晚带的吃剩下的饭用开水泡了泡，两口扒下肚；我记得很清楚，是油渣儿炒饼子。整个复习阶段，两个多月，我没请过一天假，没旷过一个班，实际上请假也不批准，旷工我也不敢，"锅炉重地"嘛！往年夏天我们厂都是淡季，那年反常，忙得邪乎，像是故意考验我的精力和耐力。

验过准考证，坐到标有考号的座位上，等老师拆封发卷。

考试前一天，我可能紧张过度，突然觉得自己不行，肯定考不上，老呆坐着长出气。恰好我二哥出差路过石家庄，回家待半天。二哥是北京铁道学院毕业，后来任北京站站长。他见我这样，便鼓励我，给我打气，说了这么一句："你不行？他们比你还不行！一进考场你就觉得我准行，这些人里数我行，你就能行！"话说得跟绕口令一样，但把我给绕出来了。特定情况下，"精神胜利法"挺起作用。二哥还说了一句伟人名言："战略上藐视敌人，战术上重视敌人"，作为我参加这次高考的指导思想和行动准则。

历史试卷，有一道问答题：简述周恩来同志的历史功绩，12 分，算是大题了。我分析，可能是要求答出 6 项，领导八一南昌起义、参加遵义会议、和平解决西安事变等，每项 2 分；但是不是要求答出 12 项，每项 1 分呢？虽然这种可能性很小，但小心无大错；我能答出 12 项，这 12 项中肯定能包括第一种要求的 6 项，我何不采取最保险的答法以确保满分 12 分呢？实践证明这种战术是对的，历史我居然考了 93 分，是五门中最高的。

地理考试前，满院子的考生等待进考场。我站在墙根处吸烟，想着还有几处遗漏。前面说过，我将《复习大纲》上面所有的题都做了一遍，但有的找不到课本资料答案，只好空着。"信风"就是一个空白。我看准一位气宇轩昂的大个儿青年在跟几个人猜题，便凑过去插空问："师傅，'信风'怎么解释？"那人停下夸夸其谈，剜了我一眼，手一挥："'信风'？太简单，肯定不考！"我转身去问一位戴眼镜的姑娘。对方立刻高声："哎呀，我也找不到这个答案！请问，'潮汐'是怎么回事？"等进了考场发下试卷，我差点儿没背过气去。名词解释：信风，

4分。我开动脑筋使劲琢磨：风，空气流动也；信，信誉，守信，一定的季节、方向、规律也；把这几点串起来，起码沾点边儿。后来我打听到我的地理试卷得了89分。

我最怕数学考试，因为确实不会。我的数学复习就是背公式，看习题，连似懂非懂都谈不上，纯粹是有个印象。面对数学试卷，除了第一道5分的四则运算外，其他的一概只知皮毛甚至一毛不毛。但我不像许多考生那样，干坐上半个钟头抬屁股走人。我坐满了全场3个小时，每题必答，猜着往下写。我知道有步骤分，一道题有10个步骤，我蒙对一步，就是1分，哪怕0.5分，也要努力争取。有时考上考不上，可能就差这点儿分。我还知道有卷面分，又因为不会，便将时间用在卷面上，一笔一画写得特别清楚，四大张卷子漂漂亮亮。数学我考了33分，那真是一点一点抠出来的，太不易了。

我还参加了不必考试的外语考试，当然是日语，就为检验一下我的学习结果。结果还真不错，41分，而那年复试分数线好像是30分，记不太清了，反正我参加了复试。

五门总分下来，我考了384分，而北京大学的录取分数线是375分。但我考虑再三，没敢报北大。因为我只比北大分数线高出9分，全国报北大的得有多少人，很有可能把我挤下去；再者我年龄偏大，又不占优势。我这次参加高考，是确保能万无一失上大学，耽误不起。我决定选择录取分数线只有320分的河北大学为第一志愿，可又舍不得北大、南开这些名牌大学的诱惑，于是在第二、三、四志愿栏中分别填上北京大学、南开大学和兰州大学。这真是一份于今难觅的志愿填报表。

10月4日，河北大学中文系的录取通知书寄到我们厂。当时我正在炉前干活，接过那薄薄的小信封，禁不住两手发颤，差点没把里面的通知书撕成两半。我飞速地扫过那令我朝思暮想的几行字，将手中4米多长、10 多公斤重的大铁钩子"当啷啷"扔出老远，大步走出门去。

小曹对我考上大学当然很高兴，觉得很露脸。她平时话就少，此时也不多说。说就说一些什么时候报到、多准备些衣服、这两天少喝酒等女孩子说的话。但我从她的眼神中看出一丝隐忧。我就冒出一句："咱们领结婚证吧，下午就办。"她沉默了片刻，轻声问："你考虑好了？"我说："这有什么可考虑的，我早想娶你当媳妇了！"她又问："比上大学还想？"我说："两不误，两不误。"

接到大学录取通知书的当天下午，我和相恋了五年的小曹领了结婚证。

10 月 18 日，我一个人乘火车到保定河北大学中文系报到。我不让父亲和哥哥送，我都 27 周岁了，什么事干不了；我也不让小曹送我，她肯定会掉眼泪。当我背着行李，挎着书包，拎着一把小提琴，走出保定火车站，一眼看见迎接新生的人们敲锣打鼓的场面时，立刻感到热血沸腾……

我们是"中国制造"

——首批本土博士的光荣与梦想

马中骐 王建磐 李尚志 周光礼 葛剑雄 口述 于洋 整理

1983 年 5 月 27 日，人民大会堂接待了一批特殊的客人。马中骐、谢惠民、黄朝商、徐功巧、徐文耀、白志东、赵林城、李尚志、范洪义、单墫、苏淳、洪家兴、李绍宽、张荫南、童裕孙、王建磐、于秀源等 17 位博士受到了中央领导人的接见，并在之后的学位授予仪式上，从校长及领导人手中接过学位证书。从此，中国首批博士诞生了，这一幕在历史上也成了永恒。对于中国来说，那不仅仅是一本证书，一个学位，一个仪式，它凝聚了几代人的智慧和心血，它标志着中华民族几千年的教育之梦终得圆满。

如今，30 年已经过去，这批博士都已经在各自的学术领域里成为领军人物。当他们回顾历史，那一年的情景仍然历历在目，激动人心。本期，我们邀请了高等教育政策研究专家周光礼教授来讲述我国高等学位制度的形成，以及这 17 位博士中的三位代表——马中骐教授、王建磐教授、李尚志教授，首批文科博士之一葛剑雄教授来讲述在这一历史背

1983 年 5 月 27 日，首批博士学位授予大会在人民大会堂举行。除了唯一的工学博士冯玉琳在美国读书外，共有 17 位博士参加了这次大会

景下的亲身经历，回忆那一刻的光荣与梦想。

"不管怎样，我们总归是要上课的"

有人说，1983 年的这批博士是"新中国成立后的首批博士"。实际上，这种说法并不准确。更为确切的说法是，在此之前，中国从来都没有过自己的博士。造成这种结果的原因当然很多，其中很重要的是，尽管此前我国进行过种种尝试，但因为多种原因，一直没能建立起自己的现代学位制度。

周光礼（中国人民大学教育学院教授、高等教育政策研究专家）：我国的现代学位制度建立得很晚。1935 年，国民党南京政府颁布《中华民国学位授予法》，正式规定学位分为学士、硕士、博士三级；同年公布了《硕士学位考试细则》；1940 年公布了《博士学位考试细则》。

但直到新中国成立，博士培养和学位授予都没有真正施行。

新中国成立后，百废待兴，教育制度理应在此时得到建立和完善。起初我国是做了一定的尝试和探索的，但都没有获得真正的成功。

葛剑雄（全国政协常委，复旦大学史地所原所长、复旦大学图书馆馆长）：无论是民国期间，还是新中国成立以后，我国都没有自己的正规学位制度。"文革"前，我国也曾经试图建立起学位制度，并一度想学苏联，但没有成功。

周光礼：1950 年，教育部颁布《高等学校暂行规程》，规定大学和专门学院可以设置研究部和研究所，开展研究生教育。1953 年 11 月，教育部颁布《高等学校培养研究生暂行规定（草案）》，规定研究生培养的目标是培养师资，培养方式是以研究生班成批速成培养师资。1956年6月，《中华人民共和国学位条例（草案）》定稿，将我国的学位制度分为硕士和博士两级。然而该条例一直到"文革"结束，也没有颁布施行。

更为不利的是，不久各种运动便开始了，之前所做的种种尝试，也因此停滞不前。

周光礼："文革"前夕，已有一批人或者开始了研究生的课程，或者进行自学，都达到了一定的学术水平。例如，1964 年，《人民日报》就曾发表社论，动员在职干部报考研究生，并保证其毕业后回原单位工作。这使一批人迈进了高等级学位教育的门槛。但不久"文革"开始，他们便不得不中断了学业。

马中骐（中国科学院高能物理研究所研究员、博士生导师）：学位制度正式形成以前，我们只称硕士研究生为"研究生"。1961 年大学毕业后，我被分配到兰州大学当助教。1962 年，已经分配工作的人才能考研究生。次年，大学应届毕业生才可以自由报考。那时单位同意每个教

1983 年 10 月，周振鹤（左）、葛剑雄获博士学位，与恩师谭其骧（中）合影

研室派一个人考，我便在 1964 年考取了北京大学物理系研究生，师从胡宁教授，但实际上只上了一年课。1964 年冬，校内开始搞运动，1965 年 12 月，北大所有的学生就到农村去了。"文革"开始后，我们从农村调回来，但也不上课。所以，我于 1967 年回到了兰州大学。原来的部门解散了，我就在别的教研室代课、跟学生劳动。

李尚志（北京航空航天大学数学与系统科学学院学术委员会主任、教授、博士生导师）："文革"前报考大学本科的时候，我看到中国科大的招生简章上有一张华罗庚给学生上课的照片，便很单纯地想，假如我能考上，在华罗庚的班上上课并名列前茅的话，华罗庚一看上我，我不就成数学家了！哪知，我 1965 年考上了中国科技大学本科，只读了一年，学校里就不上课了。而且"文革"期间，华罗庚也受到了批判。当时我们还抱有希望，"文革"总不能老搞下去，我们总归要上课的。

王建磐在博士论文答辩中

但一直等到 1969 年底，科大从北京迁到了安徽，我在安徽铜陵待了一年就被分配到大巴山去教公社小学附设初中班。

尽管如此，残酷的现实仍然没能阻止他们利用各种方式继续坚持学习。

王建磐（华东师范大学数学系教授、博士生导师）：我从小就很喜欢数学，到"文革"开始的时候，我虽然仅仅是高中二年级学生，但实际上已经都把大学的课程自学得差不多了。

葛剑雄：我在中学就是教英文的，并且也比较感兴趣。"文革"不让学了，我就看英文版的"毛选"和《毛主席语录》，所以后来考英文的时候很轻松。

李尚志：我的导师在"文革"期间遭受了批判。我们在同一个小组，住在一个寝室的上下铺，有一天，他悄悄出了道数学题给比我们高一届的学生做，我愣是先做出来了，还问他，你看我这个题做得对不对。在这样的情况下，还有人认真做他的题，还那么快地解答出来了，他肯定是高兴的。

除了数学以外，我的政治学基础也不错。考研的时候，政治大部分人都是不及格的，但我的分数却很高。这是因为我在"文革"一开始就把"毛选"四卷全部通读了一遍，直到现在，我都觉得这个功夫没有白下。

在那个特殊的历史时期，这些渴求知识的人也不是没有过迷惘。然而，数年之后，现实终于透出了一些希望之光，他们的命运终于在此时发生重大转折。经过十年，"文革"对于教育及人才的摧残是显而易见的，然而中国毕竟意识到了她所受到的损失。

李尚志："文革"还没结束时，我看到了小平同志的一些讲话，感到非常震撼，觉得讲得太好了。比如，他讲到，图书馆没人去看书，书上面都是灰尘，说这是"人不读，耗子读"。我们天天盼着小平同志能够重返政治舞台。

周光礼："文革"后，我国高层次人才奇缺，人才断层现象十分严重，各行各业缺乏高层次专门人才，高层次的大学教师尤其缺乏。

1977 年，邓小平主持教育工作后，首先改革高考招生制度，废除推荐制，恢复高考制度，同时提出要恢复研究生教育。1977 年 9 月，中国科学院委托中国科技大学筹建研究生院，率先落实邓小平关于恢复招收研究生的指示。

1977 年 11 月，教育部和中国科学院联合发出《1977 年招收研究生的通知》。随后，教育部召开了"研究生工作座谈会"，决定将 1977 年、1978 年的研究生招收工作合并进行开展。1978 年，进行研究生招生，录取人数达到 10708 人。

因为积攒了太久的力量，一旦指明了方向，人们便迫不及待地要倾尽所有来弥补逝去的岁月，国家也竭尽所能地支持他们。

马中骐： 起初，报考研究生的年龄规定在 35 周岁以下。我的导师胡宁教授联系了一批老先生，在 1978 年 1 月的科技大会上提出，1964 年、1965 年入学的研究生有很多人很优秀，但没能学完，建议把报考年龄放宽，让这批人能继续读。这个建议被采纳了，考试前四五十天发布通知，研究生的报考年龄提高到 40 周岁以下。这样一来，胡教授救了一大批人。这件事很多人都不知道。

葛剑雄： 当时不拘一格的地方是，报考研究生对学历是没有限制的。

王建磐： 1977 年恢复高考的同时也在招研究生，我只是高二的学历，怕没把握，就既考了大学本科，又考了研究生。我本科考的是华南工学院（今华南理工大学）计算机专业，在读书期间参加了研究生考试。当时因为国家鼓励同等学力的人参加这个考试，所以学校非常支持。很快，我考上了华东师范大学的研究生。

集万千宠爱于一身的学界精英

然而，招考当年，由于学位制度的缺失，却没有人知道考上了研究生之后会怎样。

葛剑雄： 我们刚入学的时候根本没有谈学位，上学期间才知道将来会有硕士学位和博士学位。第一批硕士毕业的人很少，我们复旦大学文理科加在一起才一百多人，在校门口一张毕业照就拍全了。这一局面一直持续到 1980 年 2 月 12 日。

周光礼： 当天，第五届全国人大常委会第十三次会议审议通过了

《中华人民共和国学位条例》（1981 年 1 月 1 日正式实施），这是新中国颁布的第一部教育法律。其中规定我国学位分学士、硕士、博士三级。1980 年 12 月 15 日，国务院学位委员会正式挂牌，这直接推动了学位制度的建设。依照《学位条例》，国务院学位委员会对研究生培养制度进行了配套完善，先后出台了《国务院学位委员会关于审定学位授予单位的原则和方法》（1981 年 2 月）、《中华人民共和国学位条例暂行实施办法》（1981 年 5 月）。

有了制度的保障，一切都变得顺理成章。当然，政策的实施是非常慎重的。

周光礼：根据大学的整体科研水准及具体学科的学术带头人影响力，中科院、中国科技大学、复旦大学等被选作第一批授予学位试点单位。1981 年 11 月，国务院公布了首批博士学位授予单位和学科、专业及博士生导师名单。1982 年正式开始招收博士生，当年招生 302 人。

葛剑雄：历史学是评得很严的，评审委员都是不得了的老先生。博士点也不是随便建的。第一批能够招博士生的，全国没有几个单位。

在这些博士点里，一些佼佼者最终脱颖而出。

周光礼：1983 年即将毕业的硕士研究生中，有个别学生成绩特别突出，经过培养，其水平已经达到博士学位标准。经国务院学位委员会同意，1982 年至 1983 年间，中国科学院、中国科技大学、复旦大学等单位对 18 位硕士进行了博士课程考试和博士学位论文答辩（部分只经博士学位论文答辩），通过后授予其博士学位。这 18 人成为中国历史上首批独立自主培养的博士。

这些人之所以能成为首批博士，靠的并不是运气，而是实打实的真功夫。

马中骐：当时博士论文答辩的程序各校不同，我没有经过硕士论文答辩，也没有进行专门的博士课程考试。但"文革"前，我虽然只读了一年的硕士研究生，却已发表了两三篇文章。1978年我再次考上硕士研究生之后，就只需听两门课——英文和微分几何，因为以前没学过。其他时间全在搞科研。在研究生院里，大家都叫我"大师兄"，他们有什么问题都来问我，我就像他们的辅导老师一样。这段时间我更是发表了大量文章，还曾出国参加国际会议。那时，出国都是要有成果并且要单位委派的，很难。

做博士论文时，我找到了谷超豪先生。他跟杨振宁先生合作时，写了一篇关于规范理论的数学方法，我要做这方面的研究，高能所和谷先生都很支持。三个月之后得到谷先生的认可后，我的文章被送到国外，并于1982年2月6日在高能所答辩，还录了像。

王建磐：我的硕士论文答辩的时候，是由代数界最权威的专家，包括当时全国仅有的一个代数的学部委员（院士）组成的答辩委员会考核。他们当时就说这是一篇达到博士学位水平的论文。我只读了8个月的博士，博士论文就是在硕士论文的基础上充实形成的。

葛剑雄：复旦大学首批博士生在1982年春季开学。我硕士毕业后留校了，作为在职博士，与周振鹤一道师从谭其骧先生。不久，就听说有人可以提前毕业。他们实际上都是多少年积累下来的人才，已经达到甚至超过了博士水平。有的已经在国际上发表成果，有的在行业内得到公认，等等。并且，那时强调尽快出人才，各个学校之间已经有了竞争意识。我们学校定下来四位博士可以提前毕业，都是数学系的。

谭先生是学校学位委员会成员，他提出我俩的硕士论文质量很高，也可以作为博士论文参加答辩。但苏步青校长提出，数学是有国际标准的，历史学则没有。我与周振鹤只能重新写论文，到1983年8月才进行答辩，继首批18位博士之后，成为头两位文科博士。

顶级大师的言传身教

非常幸运的是，这批博士都由学术界中的顶级大师进行授业。在大师身边，他们学到的不仅仅是专业知识，还有良好的治学方法，以及务实的科学态度。

葛剑雄：从1980年开始，硕士还没毕业，学校就让我做谭先生的助手了。除了生活上照顾他，他的很多工作，比如修订中国历史地图集，还有重要的学术会议，我也都在现场。而且通过谭先生，我跟当时还在世的历史学界的大师都很熟悉，其他人都没有这个机会。正因为我与谭先生从早到晚都在一起，所以他的想法是怎么形成的，我都能够了解。这是一种很特殊的培养方式。

马中骐：我的导师胡宁教授是学部委员，那时候全国的学部委员也就四十多位。我两次考的研究生导师都是他。胡先生的学风非常民主，他让学生去看文献，然后每周至少聚在一起讨论两次。讨论过程中，就可以敲定谁和谁来写哪些文章。"文革"后我再次读他的硕士研究生，他跟我说：你就不要去听基础课了，成绩我都给。现在形势紧迫，"文化大革命"浪费了十几年，我们要赶紧把科研搞上去。

中间还有一点小插曲。科学院每年送100名物理系的学生出国当研究生，研究生院让我去考，胡先生坚决反对，他认为我们这些人早就学够了，应该搞科研。这就是他一贯的观点。

李尚志：我在读本科和研究生的时候各听过一次华罗庚的课。我觉得华罗庚很会讲课。同样是讲优选法，给我们讲，他只讲数学原理；"文革"中给工农兵讲，他就教怎么进行实际运用。他不是喜欢抽烟嘛，就取一张纸，用烟在纸上烧洞，用来代表比例，我认为这个例子很生动。

我受华罗庚的影响很大，我的研究方向就是他在基础数学里面三个重要研究方向之一。我的博士论文答辩之前，我的导师说要向华罗庚汇报：华老，你的典型群后继有人了。

有史以来规格最高的博士学位授予仪式

经过不懈的努力，这些人拿到了堪称是分量最重的学位证书，甚至连他们在人民大会堂举行的学位授予仪式本身都已经成为我国高等级学位制度史上一座重要的里程碑。

王建磐：实际上，在人民大会堂举行学位证书授予仪式之前，我已经获得了学位。1983年5月正式在人民大会堂授予证书，更多的意义是我国终于可以向全世界大声宣布：中国的学位制度建立起来了，中国终于可以授予博士学位了！

这个令人难忘的仪式背后，也有许多令人津津乐道的有趣故事。

马中骐：学位授予仪式上，我要作为学生代表发言，因此是唯一坐在主席台上的学生。当天，各方代表来参加这个仪式，人民大会堂楼上楼下都坐满了。我虽然当了很多年的老师，博士论文答辩的时候也是神态自若的，但此时此刻心里却紧张得不得了，别人的话我都听不见，一直在背发言稿。

王建磐：授予学位的时候，只有我和我们的校长是穿西装的。国家给我们发了108块钱置装费，说是不做统一的学位服了，但其实那时学位服根本还没设计出来。我在上海南京路逛了一下，看到一套西装基本上适合我，就买了下来。我听李尚志讲，他也想买西装，可惜在王府井转了老半天也没看到合身的。授予仪式上，胡乔木同志做了讲话。仪式之前，中央领导人接见的时候，有人问：你们谁是最年轻的？我便站出来说：是我。

李尚志：在学位授予仪式之前，有中央领导接见我们。一位领导走到我面前，看到我的胸牌上只写了"理学博士"，没有学校名称，就问，你是哪个学校的？我说我是中国科技大学的。他就跟旁边的人说，中国科技大学为国家培养了很多优秀人才。后来我听别人喊他钱老，才知道他是钱三强。

而那本凝聚了几代人的智慧和心血的证书，直到现在，仍是沉甸甸的。

马中骐：我当时的博士学位证书不是高能所而是中国科学院数理系部发的，签字的是钱三强，号码是10001。

王建磐：我们18个人的博士学位证书没有全国统一编号，我的就叫华师大001号。

李尚志：我记得我们科大的学生都到北京了，学位证书的样本才出来。要送回合肥再盖章肯定来不及。科大就想了一个办法，专门派一个人把科大的钢印带到北京来盖章。这就是非常时期的非常动作。

葛剑雄：他们证书的编号是10001、10002，等等，后来教育部考虑到年度问题，周振鹤和我的证书编号就变成了83001、83002，是指1983年拿到的。

作为学位制度建立的见证者和首批受益者，他们对于其走过的30年有着极深的感触。

马中骐：我国自己培养的首批博士的诞生是一个重要的里程碑。国家对于这18位博士的选择非常慎重，我们心里也想着，作为选拔出来的第一批博士，不能给国家丢脸。所以，这30年来我们都在努力地工作，并在自己的领域里面做出了很好的成绩。这也证明我国当时完全具备培养高水平博士生的能力。

王建磐：这18位博士是一个个挑出来的，所以不能把现在的所谓整体水平跟他们比，更不能由于存在一些问题而否认现在的水平。在博士培养上，这30年是黄金的30年，成绩是巨大的，否则根本无法支撑起现在这么庞大的科技系统、教育系统。学位制度功不可没。

对于高等级学位制度及人才培养，他们也有自己的思考。

葛剑雄：值得思考的是，当时是非常时期，培养人才的不拘一格起到了非常积极的作用，我就是它最大的受益者之一。但与此同时，我们头脑要清醒，自学的知识是不系统的，因此还是应该强调人才培养正规化。同时，要培养真正的高级人才，而不是简单的授予学位，有时候就需要特殊情况特殊处理，比如通过自主招生来发现特殊人才，等等。

王建磐：由于学科之间的差异非常大，研究生培养是非常个性化的，一种规范对于某个学科而言也许要求过严了，但对于另一个学科来说却可能过松了。因此不能搞"一刀切"。我希望将来能恢复对于科学的弹性要求，在这个前提下，让博士的培养有更大的灵活性。

时代赋予了这些学者不平凡的经历和人生，使他们注定在我国历史上留下了光辉的一页。然而，我们更应在辉煌及光环的背后，看到他们对知识的渴望，对梦想的坚持，以及毕生的责任和坚守……那终究是我们的民族之光。

图书在版编目（CIP）数据

如烟往事　如火青春／刘未鸣，韩淑芳主编. —北京：中国文史出版社，2019.7

（纵横精华. 第三辑）

ISBN 978 - 7 - 5205 - 1370 - 8

Ⅰ. ①如… Ⅱ. ①刘… ②韩… Ⅲ. ①大学生—学生生活—文集 Ⅳ. ①G645.5 - 53

中国版本图书馆 CIP 数据核字（2019）第 223690 号

责任编辑：金硕　李军政

出版发行：中国文史出版社

社　　址：北京市海淀区西八里庄 69 号院　　邮编：100142
电　　话：010 - 81136606　81136602　81136603　81136605（发行部）
传　　真：010 - 81136655
印　　装：北京新华印刷有限公司
经　　销：全国新华书店
开　　本：787×1092　1/16
印　　张：15.5
字　　数：191 千字
版　　次：2020 年 1 月北京第 1 版
印　　次：2020 年 1 月第 1 次印刷
定　　价：42.00 元